D1089766

COLLECTION
FOLIO/THÉÂTRE

William Shakespeare

La Tempête

Préface, traduction nouvelle et notes d'Yves Bonnefoy

ÉDITION BILINGUE

Gallimard

UNE JOURNÉE
DANS LA VIE DE PROSPÉRO

I

*Quel vide, au moins peut-on croire, quel vide ou quelle censure, dans la mémoire de Miranda ! La scène, un instant auparavant, retentissait du bruit des vents, du craquement des mâts et des planches, du pas précipité des matelots, des jurons et des cris d'épouvante des passagers, un navire sombrait dans une immense tempête, mais maintenant tout est calme, Prospéro le magicien parle avec sa fille sur le rivage, il en interroge les souvenirs, elle lui répond, et ce qu'on entrevoit de son être à elle semble une profondeur aussi grande, aussi ténébreuse et déserte que celle qu'on redoutait tout à l'heure pour le vaisseau qui coulait. « Tu es bien attentive ? demande Prospéro. Te souviens-tu du temps d'avant notre arrivée dans cette hutte ? » Et il insiste : « D'une autre maison ? De quelqu'un ? » Mais Miranda ne se souvient, on ne peut plus vaguement, que de quatre ou cinq servantes. Dans le « ténébreux abîme », comme dit Prospéro lui-même, «*dark backward and abysm of time*», abîme du temps qui a passé, « ne distingues-tu rien d'autre ? » : non, elle ne perçoit rien de plus. Ainsi, dès cette scène d'exposition, où le retour de seulement quelques ombres ne fait que rendre plus noire l'absence,* *au centre, qu'elles enrobent, nous avons à apprendre que Miranda n'a aucun souvenir de sa mère et ne s'en étonne pas ni ne le regrette. Elle semble même n'avoir jamais eu idée que puisse exister une mère.*

Et pourtant Prospéro va incidemment lui dire que la mère qu'elle avait eue, c'est-à-dire sa femme, avait été « a piece of virtue *», — mais il nous faut remarquer aussi que c'est la seule allusion qu'il y fera dans tout le cours de la pièce : allusion, de surcroît, bien conventionnelle et peu suggestive, la vertu étant ce que l'on attend de la femme noble, sa meilleure façon de ne pas se faire remarquer, de ne pas être. Et Prospéro a aussitôt ajouté : « Ton père était duc de Milan » et précisé que Miranda était son seul enfant et une princesse, l'héritière de sa propre et incomparable distinction. Prospéro serait-il heureux que Miranda ne se souvienne pas, n'ait pas de regret de sa mère ? Miranda aurait-elle à être « l'enfant d'une nuit d'Idumée », née dans un monde sans femmes ? Nous paraissons d'autant plus sollicités de le croire que le récit que fait Prospéro de son arrivée dans l'île, seul dans une barque secouée par les flots avec sa fille encore inconsciente pour lui donner du courage, c'est tout à fait celui d'un accouchement.*

Miranda ne se souvient pas, les trois premières années de sa vie ne jouent pas en elle leur rôle, qui est de garder pour toujours à vif le sentiment de ce qu'une présence aimante a eu pour l'enfant d'infini autant que de simple : et voici qui donne à craindre que ce que la fille de Prospéro est devenue, pendant les douze années qui suivirent — années de solitude dans l'île, où son père put l'éduquer selon rien que ses valeurs propres —, c'est exactement et uniquement ce que celui-ci a voulu, théosophe qu'il est, contemplateur des essences; fermé, en tout cas le désire-t-il, aux sentiments et aux émotions de l'existence ordinaire, celle qui a lieu dans le temps. Éduquée, Miranda ? Hypnotisée plutôt, à en juger par la façon dont on voit que le magicien capte son attention ou même, quand il le faut, sait l'endormir. Et soumise. Quand elle se rebellera, timidement d'ailleurs, une heure plus tard : « Quoi, se récrie Prospéro : le pied qui se rebelle contre la tête ! » Le pied n'a qu'une chose à faire, aller où la pensée veut qu'il aille.

Mais laissons un moment Miranda à son énigme pour constater une autre bizarrerie de La Tempête. *L'époque du tête-à-tête du père et de la fille prend fin, puisque les charmes de Prospéro ont fait sombrer — ou paru faire sombrer — près de son île ce bateau dont les passagers éberlués, malheureux, mais tous parfaitement sains et saufs échouent sur diverses plages : toutefois on ne voit pas parmi ces arrivants une seule femme. Au voyage d'aller de ce navire royal il y en avait bien eu une, et même plusieurs, une princesse et sa suite, mais c'était parce que le roi de Naples conduisait à Tunis Claribel, sa fille, pour la marier avec le souverain de là-bas, où il l'a laissée : et d'ailleurs, au moins au début, laissée à corps défendant. Lui aussi a demandé à sa fille, à ce moment décisif de son existence, d'obéir, comme c'était certes l'usage dans la société du temps de Shakespeare. Et Prospéro veut en faire autant, puisque nous apprenons très vite — c'est si intensément son projet — qu'il entend bien marier Miranda à Ferdinand, l'héritier du trône de Naples : ayant décidé du mariage sans, cela va de soi, consulter sa fille, qui a quinze ans et ne sait rien de l'espèce humaine si ce n'est Prospéro et Caliban, son esclave. Aussi bien éduquée soit-elle, et Prospéro lui assure qu'elle en sait plus que n'ont chance d'ap-*

prendre les autres grands de ce monde, Miranda n'est destinée qu'à quitter la scène, riche de sa seule vertu, après la solennité du mariage.

Qui parle d'ailleurs dans la pièce de la mère de Ferdinand et de Claribel, la femme du roi de Naples ? C'est comme si celle-ci non plus n'avait jamais existé. C'est comme si, dans le monde comme il doit être pour que Prospéro soit à son affaire — qui sait même ? puisse exercer ses pouvoirs — il fallait qu'aucune femme ne soit, sauf l'héritière de sa pensée. — Et tout de même il y a bien une femme, et qui compte, dans La Tempête, *c'est Sycorax, la mère de Caliban, l'« esclave sauvage et difforme » qui grandissait dans l'île quand y débarqua Prospéro : mais cette Sycorax, qui était morte déjà, et heureusement, n'était qu'une horrible sorcière, adonnée à la magie noire, complice sinon amante du diable. La seule mère, la seule femme à part Miranda dans* La Tempête, *jette à travers la scène une ombre sinistre sur la condition féminine.*

Et voilà qui donne à penser. D'abord sur la sorte d'intérêt tout spécial que l'œuvre a suscité au XIXe *siècle, avec cette valorisation surprenante de la figure de Prospéro, donné pour le parangon de la qualité spirituelle, pour la figure même du philosophe-poète, — avec aussi cette admiration éperdue pour Miranda, dont Coleridge écrivait qu'elle possédait toutes les «* ideal beauties *» que pouvait imaginer « le plus grand poète de tous les pays et de tous les temps ». Une société ne peut que privilégier une œuvre dont la situation dramatique a les mêmes structures qu'elle. Il pourrait être utile de revenir sur quelques habitudes anciennes de la lecture de l'œuvre.*

Mais ces premières remarques, sur le rapport de l'homme et de la femme, c'est-à-dire, plus généralement, sur le rapport à autrui dans le temps où l'on naît et meurt, où l'on aime et procrée, où l'on a joies ou souffrances, j'estime qu'elles peuvent aussi contribuer à une réflexion qui a commencé bien plus récemment, à l'occasion d'un problème que La Tempête *pose d'une façon à tout le moins implicite : celui de la place qu'y tient, du rôle qu'y joue, du sens qu'on peut lui donner du point de vue de l'auteur la magie, dont Prospéro se réclame. Un problème dont Shakespeare a peut-être même voulu qu'il soit le trait le plus saillant de son œuvre puisque le duc de Milan, le mage, y est de bout en bout le principal personnage ; et même le seul sur scène, avec Caliban toutefois, à pouvoir décider librement de ses jugements et de ses actions.*

II

La magie est la grande référence que Shakespeare a associée à la dernière de ses créations au théâtre. On ne peut en douter puisque Prospéro ne cesse d'en parler, d'en revêtir le manteau ou d'en brandir la baguette — attributs qui pourraient prêter à sourire —, mais aussi l'exerce, avec l'efficace dont à l'époque on la créditait couramment. La tempête de la première scène de l'œuvre est l'effet d'une action magique, et cet effet est à l'évidence surnaturel : car s'il est vrai qu'orage et naufrage n'ont été voulus par le magicien que comme autant d'illusions, qui laissent intactes les vies et même sans taches les vêtements, il n'en reste pas moins que le roi de Naples et son fils et ses courtisans ont été transportés sur le rivage en dépit de toutes les lois de la nature.

La magie est un des sujets de La Tempête, *on l'a*

évidemment toujours su, toutefois le lien de Prospéro et de la pensée occulte ne fut longtemps qu'un des à-côtés de la réflexion sur la pièce, et il n'est devenu préoccupation majeure que depuis une quarantaine d'années, c'est-à-dire à l'époque où les travaux de Frances A. Yates, de D. P. Walker, de Frank Kermode et d'autres ont révélé l'importance — sous le règne d'Élisabeth puis celui de Jacques, son successeur — d'une pensée des sciences occultes, de la magie, qui fut précise autant que fortement répandue dans des milieux proches de Shakespeare.

Précise, certainement. Ce n'est pas mon propos de rapporter en détail la philosophie des mages, d'ailleurs souvent exposée, mais pour l'interprétation que je vais tenter de La Tempête *il m'est utile de rappeler qu'au plus haut niveau de cette recherche des hermétistes, des cabalistes et autres tenants de la magie « blanche » il s'agissait d'une tentative de connaissance à vocation de rigueur, même si n'étaient pas remise en question la structure métaphysique de l'univers, déjà pour certains peu crédible, ni critiquées nombre de croyances qui elles aussi en étaient alors à leur crépuscule.*

La structure, héritée de la cosmologie médiévale, c'était un emboîtement de mondes, l'élémentaire, le céleste et le divin, avec entre eux des correspondances par la voie d'analogies que l'on estimait observables. Les croyances, c'était par exemple — un legs du néo-platonisme — que des démons existaient entre ciel et terre, immatériels comme ne l'est pas l'être humain mais susceptibles d'assister celui-ci dans son ascension vers la réalité supérieure pour peu qu'il sût les astreindre par les pouvoirs inhérents auxdites analogies. Et il paraissait donc naturel, Dieu désirant le salut de la créature, que celle-ci cher-

châtenmdes occasions à s'élever ainsi, par degrés, jusqu'aux cimes où règne l'auteur de toutes les choses. Cette remontée de l'âme ne pourrait que révéler au passage les forces que Dieu tient cachées sous les apparences — ainsi l'attraction dans l'aimant, ainsi la vertu des simples —, ce qui instruirait les esprits. Et simplement fallait-il élaborer le savoir aussi précis que possible — d'où l'atmosphère de science, de « haute science » — qui permettrait de commencer ce travail d'une connaissance à la fois objective et intérieure.

Telle la magie « blanche », ce mot pour signifier que son intention l'opposait à la magie noire, laquelle fait appel aux démons de plus bas que l'humain dans l'ordre du monde, ceux de l'obédience du diable, et cette fois pour ne satisfaire que des appétits charnels, supposés coupables. Et c'est d'ailleurs le moment de souligner au passage — dans le souvenir de Sycorax, déjà entrevue — que ce n'étaient pas la doctrine ni la pratique des mages qui permettaient de repeupler de figures féminines l'espace spirituel. Cette pensée, fondée sur des analogies entre des aspects, des événements ou des choses qui ne peuvent être perçus dès lors que dans leur généralité, ne s'attache dans la figure du monde qu'à des essences, qui ne savent ni lieu ni temps, elle ne s'approfondit qu'en méditant ces essences, leurs relations structurelles, leur dévoilement progressif d'un divin en soi impersonnel, ce qui est se détourner plus encore de l'existence incarnée : et point n'est donc besoin pour le retour au plus haut du ciel de quelque rapport que ce soit à d'autres êtres de ce bas monde, sinon peut-être pour la méditation en commun. Le Bien, le Beau selon le mage ne s'offrent que dans le déni de la condition mortelle. Cette affiliation à l'éternel platonisme est fondamentale, sous la diversité et l'inattendu des pratiques, et j'aurai souvent à y revenir.

Et rappelons encore que cette magie philosophique, cette « philosophie naturelle » à la fois occulte et licite, remonte à l'Antiquité, mais que Marsile Ficin à Florence, et Pic de la Mirandole surtout, l'avaient retrouvée, ou, pour mieux dire, renouvelée en puisant à leur façon dans la Kabbale, tenue pour le recueil des enseignements oraux de Moïse, mais aussi dans les célèbres écrits attribués à Hermès Trismégiste, son contemporain supposé, ou d'autres sources encore ; après quoi quelques pionniers ou adeptes, Reuchlin, Paracelse, Agrippa, avaient préparé en divers lieux de l'Europe la faveur qu'elle rencontra en Angleterre à l'époque de Shakespeare. Ce fut, celle-ci, un de ses moments les plus importants ; des théoriciens comme ce John Dee à l'étude duquel s'était attachée Frances Yates ont sûrement exercé sur de bons esprits pendant cette fin du siècle une sérieuse influence, sensible par exemple dans la poésie de Spenser. Et la pensée occulte a même pris part alors à des événements de la vie publique car elle s'accompagnait aisément de rêveries sur l'ordre à rétablir ou à instituer dans la société. Quand après sa belle période élisabéthaine elle connut un renouveau — cette fois très vivement combattu — sous Jacques Ier, c'est parce qu'elle était soutenue par Henry, le prince de Galles, lequel suscitait beaucoup d'espérances — mais il mourut prématurément, en 1612 —, et par sa sœur la nouvelle Élisabeth, celle qui allait épouser l'Électeur Palatin et fonder, croyait-on, une utopie sur terre en Bohême.

C'est aux festivités des fiançailles et du mariage d'Élisabeth, dans l'hiver 1612-1613, que fut représentée, en reprise, La Tempête, *qui convenait bien à cette occa-*

sion puisque la pièce s'achève par l'union de deux familles princières et évoque même, avec sa scène du « masque », un des divertissements alors les plus spécifiques des fêtes princières ou royales. Et la question peut donc se poser, légitimement, des liens de Shakespeare avec la philosophie occulte et, en particulier, du sens qu'il a donné à la figure de Prospéro dans son œuvre ultime, qui peut passer pour l'expression enfin explicite de sa pensée. Faut-il reconnaître dans le mage de La Tempête, *grand lecteur des écrits de la tradition hermétique, un portrait des mages du temps, quelque John Dee ? Et faut-il croire que Shakespeare prend ainsi au sérieux la science et la religion des mages, au point peut-être même d'en faire avec agrément un miroir de son propre travail d'auteur de théâtre : ce qui expliquerait d'une façon pour lui positive la dernière minute de la pièce, quand Prospéro s'avance sur le devant de la scène : prenant congé de l'audience mais moins comme un personnage au bout de son rôle que comme l'acteur qui avait tenu celui-ci et l'auteur qui l'avait conçu ? En fait, les deux questions — s'agit-il d'un portrait ? et dans ce portrait faut-il voir une étude, simplement, avec la neutralité qu'il y faut, ou l'adhésion de Shakespeare à la pensée qu'il évoque ? — ne sont pas nécessairement les seules qu'il soit possible de se poser. Car on peut faire aussi l'hypothèse que Shakespeare a observé avec soin le mage mais n'a pas fait de lui pour autant l'objet de son admiration, et même l'a critiqué. Je dis tout de suite que c'est cette vue que j'ai faite mienne et vais tenter de rendre crédible.*

III

Que Prospéro soit un mage, au sens que ce mot a eu dans les milieux les plus avertis de l'époque de Shakespeare, ce n'est pas douteux, beaucoup de ses traits les plus caractéristiques le montrent. Et d'abord ses capacités, et la façon dont il les exerce. Comme les mages que décrivaient les exposants classiques des disciplines occultes — ceux dont il lit sans cesse les livres, qu'il a pu prendre avec lui dans l'île — Prospéro commande aux esprits de l'air, représentés dans La Tempête *par Ariel, qu'assistent bien d'autres elfes. Avec leur concours il produit dans la nature ou sur les êtres humains des effets qui passent l'entendement. Et, d'autre part, il s'oppose bien à l'autre magie, celle des puissances mauvaises. Le lieu dans lequel sa destinée l'a conduit, nous pouvons le tenir, en effet, avec ses sources et ses prairies mais aussi ses landes désertes et ses ronces, évoquées sans jamais la moindre idéalisation — il y a même une fosse à purin près de la hutte de Prospéro —, pour un fragment de la réalité comme elle existe partout ailleurs, avec toutes les sortes d'espèces et d'aspects dont la nature est capable, avec parmi ceux-ci des affleurements de pure matière dont Caliban, le fils difforme de Sycorax, aurait peut-être plus que sa part. Et dans ce monde qui est en somme approprié à la condition humaine, celle qui peut choisir entre le bien et le mal, on voit Prospéro condamner avec mépris ce qui y avait été magie noire, en la personne de cette Sycorax, la sorcière. Sycorax qui avait tenté d'asservir les esprits de l'air, de pervertir même Ariel, mais n'avait réussi qu'à paralyser leurs pouvoirs avant que n'arrivât le duc en exil, qui délivra aussitôt Ariel et en fit sans difficulté son auxiliaire.*

Et Prospéro est le mage, et le mage de magie blanche, en ceci encore et surtout qu'il ne s'est donné d'autre but dans l'exercice de ses pouvoirs que ce qu'il appelle le « bettering of my mind », *le perfectionnement de l'esprit, en quoi nous pouvons reconnaître la remontée spirituelle, le désenchaînement de l'âme, que les maîtres de la philosophie naturelle depuis Ficin et Pic s'étaient donnés chacun pour tâche majeure. Au premier regard Prospéro peut sembler poursuivre au simple niveau terrestre des fins bien plus ordinaires, et par ses actions magiques — qui attirent ses ennemis dans l'île et les mettent sous le pouvoir d'enchantements qu'il suscite — il veut assurément, dessein apparemment sans grandeur, confondre ces adversaires, démasquer parmi eux son frère l'usurpateur, et de cette façon recouvrer son duché, c'est-à-dire un pouvoir banalement politique, puis revenir à Milan et marier sa fille. Mais ces projets et leur réussite ne sont — ou peuvent prétendre n'être — que des voies d'accès à un plus haut dessein, celui-ci de nature indéniablement spirituelle, car ils auront pour effet que la société, qui souffre présentement d'être gouvernée par un traître, fauteur de tous les désordres, sera rétablie dans son harmonie : laquelle est nécessaire à la paix de l'esprit et à ses suprêmes démarches. C'est parce que Milan avait été assaillie, avec succès, par des êtres mauvais — apparentés par au moins leurs désirs à la magie noire — que Prospéro fut lui-même, pendant douze ans, arrêté dans sa recherche, obligé dans l'île presque déserte à une magie qu'on peut dire utilitaire ; et il veut maintenant repartir de plus haut vers le but suprême : en est preuve la promesse qu'il fait à Ariel dès le début de la pièce, qui est aussi le commencement de la journée décisive, de le rendre à sa liberté quand cette journée sera finie. L'enchanteur renoncera à ses charmes dès la société rendue à son ordre, il se concentrera sur des formes plus élevées de la connaissance et à sa libération intérieure.*

Prospéro est donc bien ainsi — ou semble bien être — ce qu'a été ou voulait être le mage comme des penseurs tels que John Dee le définissaient, et il est certes tentant de décider qu'un portrait aussi poussé et précis est de la part de Shakespeare le signe d'une adhésion. C'est cette conclusion que Frances Yates, en tout cas, n'hésitait pas à tirer. « Prospéro », écrivait-elle, « est à l'apogée du long combat spirituel qu'ont mené Shakespeare et ses contemporains. Il (...) établit la légitimité de la Kabbale blanche. »

Mais remarquons tout de même qu'il serait dangereux de croire que l'évocation de Prospéro par Shakespeare ait à signifier seulement par les aspects spécifiques qu'elle retient de la figure des mages, comme il en irait dans un texte historique ou philosophique : puisque ces références ne sont qu'une composante, celle-ci serait-elle des plus centrales, dans l'écriture à l'évidence complexe de La Tempête, *œuvre éminemment littéraire ; et remarquons aussi sans tarder certains éléments de la pièce qui peuvent nuancer une figure de mage ou y marquer des limites. «* I'll to my book *», « Je retourne à mon livre ! » s'écrie Prospéro par exemple, quand il voit que Miranda et Ferdinand s'aiment, ce qui favorise son plan : et certes cela signifie d'abord qu'il va maintenant pouvoir, tranquillisé sur ce point, chercher dans son traité de magie les recettes qui l'aideront à ses autres projets en cours. Mais c'est aussi indiquer que si ce mariage se fait, clef de voûte de l'harmonie reformée, le mage va pouvoir se consacrer à sa pratique fondamentale comme jamais* *encore il ne l'avait pu : ce qui inquiète, par le peu d'intérêt que ce cri de soulagement présage pour les affaires humaines. Le dédain du rapport aux autres, condition de l'élévation de l'âme, est moins évoqué, en ce point, pour ce qu'il signifie et prétend valoir dans la recherche spirituelle que perçu, plutôt ironiquement, comme un aspect de ce que l'on sait déjà ou pressent des ambiguïtés d'une personne. On dirait bien que Shakespeare laisse paraître ici une arrière-pensée sur la philosophie de Prospéro et sur la valeur du projet de «*bettering*». Et de fait : avec le mariage, «exit Miranda», pouvons-nous penser. Le retour de Prospéro à son livre est permis par un monde redevenu masculin, n'est-ce pas ce que souligne Shakespeare ?*

Mais, homme ou femme, y a-t-il même à ce moment ou plus tard qui que ce soit dans la pièce dont on puisse dire qu'il ait aux yeux de Prospéro une présence qui pour lui compte ; ou qui manifeste par-devers soi une qualité qui nous paraisse appeler à la sympathie ou à l'amour ? Je crains que non. Il est clair que le prince dépossédé n'a qu'aversion et mépris pour son frère et pour ses complices, n'éprouve guère d'attrait pour le roi de Naples et ses courtisans ; et que s'il montre estime et même affection à Gonzalo et bienveillance à son futur gendre, ce n'est que pour autant que l'un l'a aidé jadis au moment du plus grand péril, et que l'autre est un des moyens qu'il s'est choisis pour mener à bien son entreprise présente. Gonzalo — qui n'est d'ailleurs évidemment pas ce que Prospéro a décidé qu'il était, bien des scènes le montrent par ses plaisanteries aussi bornées que grossières, voire sinistres, et ses raisonnements sans substance — et Ferdinand n'intéressent le mage que pour autant qu'ils sont des aspects de ce qui a été ou demeure chez ce dernier un rapport à soi, essentiellement. Et ni eux ni personne d'autre dans la pièce ne sont dépeints par Shakespeare de la façon non conventionnelle qui en ferait de véritables présences. Le seul personnage de La Tempête *qui ait réalité, évidence d'être, qui puisse donc susciter une réaction d'intérêt, qui le devrait même, c'est Caliban dont il est clair que Prospéro ne le reconnaît pas, justement, ne veut rien en savoir, sauf peut-être, nous le verrons, aux tout derniers instants de la pièce. C'est la société et non les personnes qui importent pour Prospéro : cette société qui par son harmonie rétablie pourrait être à la ressemblance du ciel et aider le sage à mieux se vouer à soi-même.*

*Prospéro, en bref, est un mage, mais en cela se révèle un être reclos sur soi. Ce n'est pas un hasard si le mot «*closeness*», réclusion, se présente à son esprit côte à côte avec l'idée même du «*bettering*». Sa vocation est de se délivrer du rapport aux autres, qui retiendrait dans l'imperfection et les hasards de l'existence commune, pour se porter, par ce «*bettering*» qui est une contemplation, à la perception de l'harmonie cosmique, en laquelle il veut s'impliquer comme forme au sein d'une forme : la forme étant la voie, par la beauté, vers le bien. Telle est la précision que Shakespeare tient à apporter, dans son évocation de Prospéro comme mage. Et si nous devions, avec Frances Yates et d'autres, estimer que l'auteur de* La Tempête *est un proche de la pensée occulte et même son exposant, nous devrions aussi considérer qu'il assume — et tout à fait consciemment, et avec toutes ses conséquences — l'idée de l'impersonnalité comme voie.*

IV

Et il nous faudrait alors nous souvenir, que ce même Shakespeare est l'auteur de plusieurs œuvres desquelles il n'est assurément pas possible de tirer cette conclusion. Pour ne parler que de son ultime période, qui commence en 1608 quand il prend à l'abordage un vieux rafiot mélodramatique, l'histoire d'un prince de Tyr, et le métamorphose en poème, que trouvons-nous sous sa plume ? Trois pièces — Périclès *donc,* Cymbeline *et surtout* Le Conte d'hiver *— dont les grands enjeux et les intuitions sont si dissemblables de ceux de* La Tempête *que je ne comprends pas qu'on ne les oppose pas à cette dernière au lieu de les réunir comme il est presque d'usage dans une même vision du « dernier Shakespeare ».*

Comparons Le Conte d'hiver, *par exemple, et* La Tempête. *Ces œuvres ont à l'évidence des points communs. Dans chacune un père, une fille. Et après une très longue période où l'action est comme en sommeil mais où le prince médite — seize ans dans* Le Conte d'hiver, *douze dans* La Tempête *— un mariage princier avec réconciliation de deux rois qui rétablira l'harmonie dans une société éprouvée. Il y a aussi une tempête dans les deux pièces, à un moment crucial de l'action — l'articulation de ce qui prend fin et de ce qui va reprendre — et ce n'est peut-être pas là une simple coïncidence. Mais d'autant plus saisissants sont de ce fait les contrastes. Prospéro, nous l'avons vu détaché des autres êtres et même cherchant son salut dans la solitude. On ne sait trop, par exemple, qui fut sa femme, morte sans doute de longue date, et ni elle ni aucune* *autre intimité féminine ne se profile dans l'existence qu'il se propose à son retour à Milan.*

Et tout au contraire Léonte, le roi du Conte d'hiver, *n'a en pensée que sa femme. Il l'aime, et fort mal sans doute, mais de façon passionnée, il en perd l'esprit, il fait le malheur d'Hermione mais en cela même le sien, il désespère, il s'ensevelit dans le remords et la repentance, voici comme passeront les seize ans, mais il finira par retrouver sa compagne, et la regagner à lui, et se vouer à au moins le projet d'un vrai amour. La femme, absente de* La Tempête, *où Miranda a été et redeviendra l'élève docile de Prospéro, est donc au cœur du* Conte d'hiver *: d'autant qu'à la présence libre, fière, assurée, de la reine Hermione s'ajoute celle, éclatante, de Perdita, sa fille, dont on ne pourrait certes dire qu'elle ait comme Miranda oublié l'idée même qu'on puisse avoir une mère. Le moment où elle retrouve Hermione, dont elle fut séparée à sa naissance, elle aussi, est un des plus émouvants de tout le théâtre de Shakespeare.*

Mais il n'y a pas que cette disparité fondamentale entre les deux œuvres, et c'est dans le ressort de l'action — c'est dans la sorte de force qui en décide le cours — que leur opposition se marque de la façon la plus signifiante. Dans La Tempête *ce qui agit, ce sont presque uniquement les puissances surnaturelles que Prospéro maîtrise du fait de ses connaissances occultes. Il se peut, et j'y reviendrai, que l'amour de Miranda pour Ferdinand, force d'une autre nature, finisse par influer d'une façon imprévue sur le comportement de son père, mais l'union des deux jeunes gens n'en a pas moins été préparée et menée à son terme par la magie, comme exactement tous les autres événements de la pièce. Si par exemple Stéphano et Trinculo, les deux ivrognes qui rêvent de prendre la place de Prospéro, semblent échapper un moment au déterminisme de fer qui décide de tout sur l'île, ce n'est là rien de plus qu'une apparence — Stéphano n'a-t-il pas été nanti par Ariel, au plus fort de la tempête, du tonneau dont le vin éblouira Caliban ? — et leurs projets sont perçus d'emblée, sont surveillés et seront punis par l'œil qui contrôle tout. Voici donc une pièce où le sentiment est objet d'attention mais presque jamais une cause. Et réserve faite de l'aspiration spirituelle de Prospéro et d'un élan chez sa fille, ce sentiment n'est d'ailleurs que de la qualité la plus ordinaire si ce n'est pas parfois la plus basse : l'amour de Ferdinand pour Miranda, si vite distrait, la fidélité un peu radoteuse d'un honnête vieux conseiller, mais aussi l'ambition coupable, la perfidie, d'Antonio et de Sébastien — hommes de cour — et la convoitise primaire chez Stéphano — homme du commun — avec dans ces derniers cas des projets de trahison et de meurtre. Aucun vrai chagrin, d'autre part, dans* La Tempête, *pour en déchirer les protagonistes. Prospéro, à l'encontre de Léonte, d'Hermione ou de Perdita, n'a dans sa vie rien perdu sinon son pouvoir, il éprouve dépit et frustration, non souffrance. Et quant au roi naufragé, qui craint que son fils ne soit mort, son malheur ne va l'affliger que peu de temps et d'emblée comme plutôt une sorte de mauvais rêve parmi tous les mirages et les prodiges qui se succèdent dans l'île.*

L'action, dans La Tempête, *c'est donc comme si elle ne se ressourçait jamais à ce qui en est le lieu d'origine dans l'existence vécue, à savoir les sentiments que des êtres éprouvent pour d'autres êtres, détestation, jalousie, amitié, amour, et les frustrations, les deuils ou les joies qui en résultent. La magie y est le champ de forces, la gravitation qui subsume tout au sein d'un projet qui tend à se dégager de la relation interhumaine. — Et dans* Le Conte d'hiver, *en revanche, les causes qui agissent à travers les situations et les personnages, ce sont précisément ces grandes exclues de* La Tempête *et surtout la force d'amour. Celle-ci, on peut la voir affaiblie, c'est vrai, aux premières scènes, là même où on la croyait la plus vive, dans le regard de Léonte, roi de Sicile, sur Hermione, sa femme : il n'aime que de façon perverse, il n'est plus attaché qu'à de l'apparence. Mais Hermione, elle, aime vraiment, purement ; et quand la fascination qu'elle exerce sur les fantasmes du roi aura précipité le désastre, c'est la force de cet amour qui fera de ce monde mort un lieu de vie à nouveau. La reine a failli mourir, de chagrin, mais elle s'est conservée, en effet, conservée en secret par attachement à sa fille supposée morte mais qu'elle espère, irrationnellement, retrouver : et le jour où son enfant reparaît elle peut donc elle aussi sortir de l'ombre. Quant à Perdita, élevée parmi les bergers, elle a partagé avec un jeune homme un sentiment d'amour si violent qu'il a rapidement disloqué la glaciation des rapports humains dont Léonte avait été le début.*

C'est en ce rebond-là de l'action que l'on voit de la façon la plus évidente que l'amour est cause, dans Le Conte d'hiver, *alors que dans* La Tempête *c'est la magie. Ce qui a décidé des fiançailles de Perdita et de Florizel, ce n'est cette fois que le sentiment le plus spontané ; et quand cet amour est en butte au mauvais vouloir du roi de Bohême, le père de Florizel, c'est ce qu'il a d'absolu, c'est la fermeté conséquente de la détermination des deux jeunes gens, c'est la fascination que cette dernière exerce sur des êtres aussi différents que Camillo le ministre et Autolycus le filou, qui créent l'enchaînement d'événements autrement jamais concevables qui conduit droit au retour de Perdita en Sicile, à sa reconnaissance par son père bouleversé et à la réapparition d'Hermione. L'amour dans* Le Conte d'hiver *est cause en ceci qu'il transgresse les situations qui gardaient figé le désordre dont elles avaient été le produit.*

Or, ce n'est certes pas là entre les deux œuvres une différence de peu de poids, quelque chose comme le passage d'un titre de drame à un autre sur une affiche du Globe : car ce qui est en jeu c'est une pensée qui porte sur la nature ultime de ce qui est. L'être, dans La Tempête, *c'est Dieu, mais vécu comme essence impersonnelle, une structure de laquelle le mage aspire à participer : ce qui tend à le détourner du plan d'existence où la finitude et sa fatalité de hasards seraient censées empêcher la personne de déployer à plein sa forme immortelle. Et la force agissante, c'est une aspiration au divin qui tend à sa réalisation par une remise en ordre de la société et du monde par la voie des analogies que le mage observe entre des éléments dont la nature aussi est impersonnelle. Ce philosophe des analogies, des essences, suggérera à certains de se dégager comme lui de leur lieu, de leur empiègement dans le temps mortel; à d'autres, et par exemple et d'abord aux femmes, il commandera de se vouer à des tâches de peu d'initiative, mais bons rouages de l'ordre. — Certes, cette pensée, c'est encore du platonisme; rien de bon n'advient dans le sublunaire; rien n'est réel dans le* hic et nunc.

Et l'être, la valeur dans maintenant Le Conte d'hiver ? *Eh bien, quand on suit le regard de Florizel vers Perdita on ne peut, en revanche, que découvrir que ce que ces yeux fascinés perçoivent, c'est spécifiquement l'existence ici, maintenant, la sorte de réalité que «jamais on ne verra deux fois» dans le monde; et quand ensuite on apprend des événements qui se précipitent que ce regard — cet amour — décide de l'avenir, dissipe les malentendus, transfigure les apparences, régénère ainsi le groupe social, on a bien droit de conclure que c'est le rapport d'un être existant à un autre, relation méprisée par le mage de* La Tempête, *qui est dans l'autre pièce l'acte et le lieu du réel. L'objet de la conscience, dans* Le Conte d'hiver, *c'est l'être de finitude; la vérité, c'est d'avoir compris que c'est sa présence de rien qu'une heure la seule chose qui compte; et qu'elle peut bien ne sembler qu'une ombre, le néant même, mais que l'aimer, et parfois amoureusement avec alors la procréation comme conséquence, c'est redonner fondement à l'Être, c'est faire, de surcroît, de l'union sexuelle au sein de «*the great creating Nature*» la réparation de la chaîne des vies sur terre, qui toujours s'use. Une ontologie de la personne comme absolu : que cette intuition s'appuie sur l'idée d'un dieu personnel, dieu d'amour, ou sur simplement l'évidence de la nature aux jours où le printemps succède à l'hiver.*

De l'une à l'autre de ces deux grandes œuvres que seulement quelques mois séparent, une différence profonde, par conséquent, en fait une opposition qui semble impossible à réduire. Si même La Tempête *exprime les principes et les méthodes de la philosophie occultiste des éléments, voici que Shakespeare n'en a pas moins exposé peu auparavant une pensée, presque une mystique, de la vie incarnée dans le monde le plus simplement naturel. Et une question se pose : s'est-il donc agi d'une conversion, brusquement ? La description de Prospéro magicien signifie-t-elle en 1611 que* La Tempête *est non seulement du parti des mages mais un ralliement à ce dernier ? Ou ne faut-il pas faire l'hypothèse que cette apparence de conversion n'est qu'une mauvaise lecture de l'œuvre ? Et qu'ayant toujours en esprit sa pensée du* Conte d'hiver *Shakespeare donne sa chance à une autre, dans* La Tempête, *mais non sans marquer dans le texte de celle-ci des réserves, sinon des condamnations, que simplement nous n'avons pas remarquées ? Je dis maintenant que c'est ce second point de vue que je crois vrai, et vais tenter de rendre évident. Après quoi il me faudra me poser une autre question encore : pourquoi Shakespeare a-t-il eu besoin, à la fin de sa carrière d'auteur, d'en passer par un examen au total critique de la figure du mage ?*

V

Je reprendrai tout d'abord la lecture de La Tempête, *et remarquerai ce que j'estime en effet des réserves, de très sérieuses réserves, apportées par Shakespeare à la figure du mage. Ombres au tableau d'un Prospéro qui serait censé se conformer sans faillir aux principes de la philosophie occulte et démontrerait en retour leur validité.*

Le premier point qui me paraît significatif est le désintérêt que j'ai déjà signalé chez Prospéro à l'égard des autres êtres. Aussi inquiétant ce détachement puisse-t-il sembler à qui se refuse aux principes de la philosophie naturelle, il peut assurément passer pour une conséquence logique de cette forme de la pensée, et se marquer comme tel dans la structure de La Tempête *si Shakespeare entend faire de celle-ci une défense et illustration de la magie blanche. Mais que Shakespeare ait reconnu ou pas ce détachement comme un droit des mages, en tout cas il ne le constate pas comme un fait que Prospéro assumerait sans faillir. Car c'est vrai que celui-ci, je l'ai déjà souligné, n'éprouve ou n'affiche qu'éloignement, mépris ou indifférence pour tous ceux, Miranda exceptée, dont il connaisse l'existence. Mais cela ne signifie pas que par rapport à deux au moins parmi eux il n'y ait en lui une forme d'intérêt, dans le refus, qui l'occupe vraiment beaucoup, qui tienne même de l'obsession, et qui donne donc à penser sur la qualité du détachement que peut éprouver un mage.*

Le premier des deux êtres qui le tourmentent ainsi est son frère, cet Antonio qui à Milan, il y a douze ans, lui a ravi le pouvoir. À chaque fois que Prospéro en parle ou, à part soi, l'évoque, on sent vibrer son indignation, sa blessure n'est pas fermée. Il n'a pas de mots assez durs pour qualifier Antonio. Et il est remarquable qu'au moment où il l'attire dans ses filets pour le confondre et prendre sur lui sa revanche, en vérité il l'imite : car l'action qu'il a entreprise reproduit dans sa trame et ses fins celle dont son frère fut le coupable. Il le jette d'abord sur le rivage de l'île, comme lui-même l'avait été du fait de ce crime du frère; et plus gravement il en reprend la trahison à son compte : puisqu'en décidant de marier sa fille à l'héritier de la couronne de Naples il va faire de Ferdinand le Napolitain le maître un jour de Milan et lui subordonner son duché de façon encore plus radicale que n'avait fait Antonio, lequel ne versait au roi qu'un tribut. Quelle idée étrange, en vérité, ce mariage! Prospéro a-t-il oublié ce que pourtant il enseigne à Miranda, à savoir que le roi de Naples, cet Alonso, a de toujours été son ennemi « invétéré » ? Et ne faut-il pas apercevoir sous ce plan peu compréhensible une relation de Prospéro à Antonio infiniment plus intime que sa colère ne le prétend ? Il l'avait aimé, avoue-t-il en fait à Miranda, aimé plus que qui que ce fût hormis elle, il lui avait laissé avec la plus grande confiance le pouvoir quotidien à Milan, jadis. À voir maintenant Prospéro calquer le comportement de son frère, entrer littéralement dans sa peau pour en revivre le crime, on se dit qu'Antonio est une part de lui-même : cette part, à tout le moins ordinaire, qu'il avait voulu laisser hors de soi pour devenir mage, pour s'élever jusqu'à Dieu, mais qui continue de vivre en lui, peut-être même de réclamer — ne veut-il pas régner à nouveau ? —, entravant son dessein de détachement. Prospéro est-il un mage ? Oui, sans doute, il commande bien aux éléments. Mais il se débat toujours contre le vieil homme qui est en lui, comme si les grimoires du magicien ne suffisaient pas à l'en défaire.

Et l'autre présence qu'il ne parvient pas à chasser de son esprit, c'est évidemment Caliban, l'être disgracié, extravagant dans ses façons autant que par l'apparence, le demi-monstre aussi peu acceptable que possible du point de vue esthétique d'une philosophie de la Forme — identification du Beau et du Bien — mais qui l'inquiète, visiblement : il a essayé autrefois d'en atténuer le problème en l'éduquant, il y a renoncé lorsque Caliban a tenté de violer sa fille, et maintenant il ne cesse de l'accabler de sarcasmes et de sévices, il se montre même avec lui aussi cruel qu'arbitraire. On sent qu'il voudrait en finir avec Caliban, lui dénier une fois pour toutes son droit à l'humanité, mais tant de hargne et si insistante révèle d'autant mieux que cet autre pourtant si autre l'obsède. Caliban lui aussi, Caliban comme le mage si méprisant a décidé qu'il était, c'est, peut-on craindre, une part encore de Prospéro : une part nocturne, que celui-ci n'a pas su éduquer, convertir à ses ambitions spirituelles, mais qui reste donc tout à fait vive, ce qui peut éclairer des aspects de soi dont le magicien ne témoigne jamais que de façon indirecte quand, par exemple, il fait à Ferdinand et Miranda au moment de les fiancer l'un à l'autre ce trop long discours sur la chasteté. Aussi hautement moraliste qu'il se veuille, Prospéro n'est peut-être, ce Prospéro de Shakespeare, qu'une dualité de corps et d'esprit pour l'instant encore non résolue.

Plutôt peu de détachement, en somme, chez Prospéro, bien qu'il y prétende, et c'est cette guerre en lui qui explique ce qui doit être tenu pour un aspect majeur de son personnage, encore qu'on le minimise souvent : le mauvais caractère du sage prétendu, ses sautes d'humeur, sa rudesse, son autoritarisme agressif — même Miranda en fait les frais, on l'a vu : « quoi ? dit-il, le pied qui se rebelle contre la tête ? » —, et tout autant ses moments de dépression, comme si évidemment et durement il va en connaître après l'interruption qu'il a provoquée dans la fête même qu'il a voulue. Prospéro parle aux éléments et sait provoquer des tempêtes, mais il est homme à garder près de chez soi une mare à purin d'odeur fétide; et il n'a assurément pas enseigné à Miranda l'amour des fleurs dont Perdita, pour sa part, s'est tant nourrie. Prospéro est, malgré son nom, un mélancolique, dirais-je : la mélancolie étant essentiellement l'effet d'une contradiction intérieure, rêver un être-au-monde tout d'unité, n'aimer que lui ou croire le faire, et constater cependant qu'on ne peut ou ne veut s'y établir. C'est ce déchirement sourdement vécu qui fait que son rapport aux autres n'est pas la liberté sereine du sage, mais la défiance, mais la jalousie impatiente.

Il vit sous ce « soleil noir ». Comme la figure allégorique de Dürer Prospéro a dû rester assis bien souvent parmi ses instruments dispersés sous les rayons d'un astre immobile : et voilà qui peut nous faire comprendre que la tempête — qu'il a voulue parce qu'une étoile « très favorable » paraissait lui offrir sur ses ennemis mais aussi sur soi une occasion de victoire — n'a pas eu lieu seulement sur mer mais fait rage au plus profond de son être et, qui sait, ne fera que s'accroître à proportion que ses vues auront à faire l'épreuve de situations imprévues. Ajoutant lui aussi :

> I have done these things
> That now give evidence against my soul,

il pourra se dire à la fin, d'un certain moment de cette journée : « O then began the tempest to my soul ! » *tout comme un autre prince l'avait déjà fait chez Shakespeare, lequel a eu recours à cette métaphore évidente non seulement dans* Richard III *mais aussi pour illuminer de vastes éclairs le début de* Jules César, *où soliloque un autre mélancolique.*

VI

Si évidemment d'ailleurs le plan si bien préparé achoppe-t-il, en un moment décisif !

Que voulait Prospéro ? Remettre en ordre la société, ce qui, nous l'avons appris, signifie pour lui l'abaissement de la finitude devant les grandes formes cosmiques. Sera proscrit de cet ordre l'amour simplement humain pour autant qu'il accorde trop à l'être mortel. En d'autres mots : il est certainement agréable au père de Miranda de pouvoir espérer que celle-ci et Ferdinand, quand ils se rencontreront, vont se convenir : mais il les marierait de toute façon, et Miranda doit se disposer déjà à n'être bientôt qu'une mère.

Or, à peine a-t-elle aperçu Ferdinand, Miranda éprouve pour lui un sentiment que Prospéro estime certainement beaucoup trop intense, puisqu'il s'en montre assez vite très irrité. « A thing divine ! » s'écrie Miranda à la vue de Ferdinand : « une présence divine ! » Et d'abord Prospéro se félicite d'avoir si bien ourdi son affaire. « C'est là ce que je voulais », se dit-il, et il se propose même de rabrouer Ferdinand, de le maltraiter, de l'éloigner un moment, de lui sembler tout à fait inaccessible afin que Miranda ne soit pas à ces yeux de prince déjà blasé la proie facile qui en perdrait sa valeur. Mais quand Miranda prend au sérieux les menaces qu'il fait à Ferdinand, quand il la voit souffrir de l'humiliation qu'il lui inflige — de façon fort désagréable, il y a là tout de même beaucoup d'authentique mauvaise humeur — et tenter de le modérer, Prospéro se retourne contre elle avec colère, elle déçoit son attente. « Eh quoi », s'écrie-t-il, « my foot my tutor ? » ; j'ai déjà cité cette phrase. Et encore : « un mot de plus et je te prends en haine ! » « Haine », hate, le mot est fort, et on peut certes le décider dans le cas présent moins signifiant qu'il ne semble, mais ce n'est pas de façon légère qu'il apparaît d'habitude chez Shakespeare.

Et quand Miranda poussée, irrésistiblement, par l'amour va se rendre plus tard auprès de Ferdinand prisonnier, et même lui dit son nom malgré l'interdit de son père, ce dernier, qui les observe de loin, s'attendrit, j'y reviendrai, mais il ne reparaîtra auprès d'eux que pour leur tenir ce discours moralisateur qui leur annonce dans quel esprit seulement il a voulu et peut accepter leur mariage. Le respect des interdits du temps des fiançailles, seule garantie, selon Prospéro, de la paix et de la fécondité des mariages, en est la condition absolue. Prêche que Ferdinand n'écoute que d'une oreille distraite, d'étranges associations de pensées dans sa réponse sont là pour le faire craindre, on l'a quelquefois remarqué ; mais que va suivre le masque, pour en répéter la leçon.

Prospéro s'est attendri, néanmoins, depuis la première rencontre. « Te voici bien mordue, mon pauvre petit ! » murmure-t-il à part soi quand il voit Miranda toute tremblante devant Ferdinand qui peine sur le travail qui lui a été assigné. Et le ressort de l'action, en ce point important de La Tempête, c'est certes que Prospéro ait été surpris par l'irruption dans ses plans, qui ne l'avaient pas prévue, d'un amour d'une sorte inconnue de lui, étrangère à sa philosophie, irréductible aux forces magiques, mais c'est surtout qu'en dépit de ses principes et de son idée de la société il n'est pas sans éprouver de la sympathie, même un étrange bonheur, à en constater le fleurissement chez sa fille. « Belle, heureuse rencontre », médite-t-il, toujours à quelques pas des deux jeunes gens, invisible. Prospéro consent presque à une idée de la vie, à une expérience du monde qui n'avaient pas leur place dans sa pensée. Et c'est grave, parce que cette dernière n'en est pas encore désavouée pour autant, si bien que le voici troublé, et en profondeur, au moment où il lui faudrait maîtriser toutes ses forces magiques pour dénouer l'écheveau de ce qui se passe ou se trame dans d'autres régions de l'île. Le voici troublé, distrait, et même — ce qui va se produire bientôt après le révèle — ouvert à des voix en lui, à d'étranges rumeurs, que quelques heures auparavant il n'aurait pas soupçonnées.

VII

Bientôt après, en effet, c'est le masque, cette pièce dans la pièce qui prend un bon moment de la représentation de La Tempête, *et dont je m'étonne que l'on n'ait pas fait jusqu'à présent plus de cas. Un masque, c'était — aux fêtes de l'époque jacobéenne surtout — un divertissement avec personnages somptueusement parés et musique ; et son caractère enjoué, sa solennité « tongue in cheek » et l'allégorie qui s'y déployait pour faire augurer favorablement des événements à venir, tout cela était destiné à détourner les esprits des préoccupations qui en fait les assaillaient en ces occasions qui étaient souvent des mariages, et souvent des mariages arrangés, et même péniblement. S'il y a un masque dans* La Tempête, *on a pu dire d'ailleurs que c'était parce que l'œuvre de Shakespeare fut reprise au moment des noces de la princesse Élisabeth — mariage dont j'ai déjà rappelé qu'il était gros d'espérances — et en ces années où Ben Jonson, l'ami et le grand rival, faisait de plus en plus remarquablement sa spécialité de ces spectacles. Mais Shakespeare ne serait pas Shakespeare si un amusement pour la cour n'était pas dans sa pièce chose sérieuse.*

Et c'est le cas. Au premier abord ce masque-ci, qui se veut — pour bénir la prochaine union — une rencontre de Cérès et Junon par l'entremise d'Iris, l'arc-en-ciel, ne fait que se conformer aux lois du genre : didactique et allégorique plus encore qu'à l'ordinaire puisqu'on y apprend que Vénus et son fils Cupidon, figures de la sexualité, viennent d'être honteusement chassés de cette cérémonie où pourront donc retentir sans contradiction les préceptes du mage qui a organisé le spectacle. C'est

Prospéro, en effet, qui a conçu le sujet du masque et en a rédigé les paroles. Il le dit expressément à Ariel quand celui-ci va mettre son œuvre en scène avec sa troupe d'esprits. « Some vanity of mine Art » *: une illusion dont ma magie est capable, mais aussi la petite chose à quoi mon talent a la faiblesse de se complaire.*

Petite chose ? En fait pourtant le masque de La Tempête, *pièce complexe autant que profonde, n'est guère moins riche de sens que celle-ci. Et pour s'en rendre compte il suffira de considérer ce que cette sorte d'œuvrette a en général de plus spécifique : sa relation à la forme, sa façon d'évoquer des événements en les gardant à distance par des décisions stylistiques.*

La forme, dans le masque de Prospéro, peut paraître conventionnelle, traditionnelle : le vers aux rimes trop voyantes et aux rythmes trop peu subtils — vers de mirliton, comme on dit — qui déclare d'entrée de jeu qu'on y renonce au grand art, et qu'il n'y aura pour ces figures augustes convoquées par l'allégorie que débauche de carton-pâte, parmi des machineries amusantes. Il ne faut pas que Junon ou même Cérès soient trop crédibles, on commencerait à s'inquiéter. Mais, dans le cas présent, rien à craindre ! Quand on entend Cérès s'écrier, avec emphase :

Hail, many-coloured messenger, that ne'er
Dost disobey the wife of Jupiter,
Who, with thy saffron wings, upon my flow'rs
Diffusest honey drops, refreshing show'rs,

on constate que les paroles de la déesse sont drôles autant qu'on peut le vouloir, quitte à s'agrémenter de quelques traits parodiques, à l'encontre d'auteurs contem-

porains, et on n'a même aucun mal à y déceler des sous-entendus peu sérieux et souvent plutôt équivoques. Partout dans le masque, et dans le contre-masque qui lui fait suite, l'évocation du lieu naturel et des êtres, qui pourrait être riche de poésie et d'ailleurs commence comme cela, est malmenée par un emploi débridé des stéréotypes et autres poncifs ; et volontiers ces derniers se prêtent — cette volonté d'irrespect aidant, cet esprit de jeu — à des allusions bien moins chastes que ne sont censées l'être les cold Nymphs *et autres naïades qu'Iris très imprudemment appelle à rejoindre* in country footing, *pour une « danse rustique », les* sunburn'd sicklemen, *rudes moissonneurs tout bronzés.*

Oui, vraiment drôle, cette « Rencontre de Cérès et Junon parmi des moissonneurs et des nymphes ». Mais, à la réflexion, cette œuvre de Prospéro ne doit-elle pas nous paraître un peu leste même, et plutôt déplacée dans la circonstance, tout masque qu'elle se veuille ? Et ces jeux sur les mots ou sur les idées, souvent furtifs mais voulus, qui en douterait ? par Shakespeare, ne doivent-ils pas nous sembler bien curieusement de la nature des associations et fantasmes d'un inconscient des plus ordinaires, fort inattendu après le noble discours du mage, si peu de minutes auparavant, et devant l'innocente et tout à fait chaste Miranda ? Que le Dieu platonicien me pardonne, je pense devant cette Cérès et cette Junon mal assurées dans leurs rimes, chancelantes mais en riant sur leurs pieds plus ou moins iambiques, à ces saynètes goguenardes de nos assemblées de village où se montrent sur scène des hommes vêtus en femmes. Et comme ces dernières sont moquées dans ces occasions, rabaissées au plan de la sexualité la plus crue, mais non sans pourtant que se trahissent à leur égard une crainte, si ce n'est pas une sorte de révérence angoissée; et comme également nous nous souvenons que, si tout est donc figure de femme, dans ce masque, il n'en va pas ainsi dans l'œuvre où il trouve place, cette Tempête *où tout est homme au contraire, réserve faite de Miranda, il n'est peut-être pas inutile, en ce point, une fois de plus, de se poser des questions.*

Ma pensée, en d'autres mots, c'est que Shakespeare a fort bien compris qu'un masque vaut, dans les occasions réelles, fêtes de cour par exemple, par les effets qu'il produit, sans qu'on se soucie alors de comment il fut imaginé ou écrit; mais que si on le rencontre inscrit dans la trame d'un drame où une action se déroule, il va en être un élément signifiant par tous ses aspects, si bien que les événements perceptibles de sa genèse et les ambiguïtés de son écriture retiendront alors l'attention autant et plus encore que ses apports de surface. Et j'en déduis que l'auteur de La Tempête, *qui a écrit le masque mais aussi rendu Prospéro expressément responsable de celui-ci, a voulu de ce fait deux choses, qu'il est essentiel de ne pas manquer au passage.*

Lesquelles? D'abord, lui qui dans La Tempête *observe un mage de façon — nous a-t-on dit, et c'est vraisemblable — aussi informée qu'intentionnelle, voici qu'il nous permet, en nous montrant dans le masque une œuvre de Prospéro qui n'est pas son action magique, menée à niveau conscient, mais ce qu'on pourrait dire « de l'écriture », expression de soi plus complexe, de prendre conscience d'arrière-pensées, d'associations d'idées qui sont donc tout de même autant que ses plus hautes visées le propre de cet observant de la haute science. Et c'est là révéler que si la pensée consciente de Prospéro se voue et se croit acquise à une métaphysique et une morale de la qualité spirituelle la plus élevée, autant que la plus dégagée de toutes les contingences, il s'en faut de beaucoup que l'être qu'il est en réalité se réduise à cette figure. En fait tout un fond inconscient déborde celle-ci, on peut même dire qu'il s'y oppose par son aptitude à des imaginations bien profanes, souvent clairement sexuelles, et aussi sinon peut-être d'abord par un goût du jeu, un entrain ludique, que l'on n'aurait assurément pas soupçonnés sous les objurgations de Prospéro à sa fille ou la condamnation qu'il faisait de l'infortuné Caliban. Il y a, en effet, j'y reviens un instant, beaucoup d'amusement dans le masque. Le musicien qui ne voulait écouter que la musique des sphères s'y est prêté avec grand plaisir, dirait-on, aux suggestions enjouées d'un librettiste qui ne pourrait que séduire le plus modeste Offenbach. Et c'est le moment de noter que Prospéro auteur et metteur en scène a beaucoup poussé sa troupe, avant le lever du rideau, à l'entrain, à la fantaisie. À Ariel, le maître d'œuvre, que dit-il ? « Rajoutes-en s'il le faut. Aie plutôt un excès d'esprit » — gentil jeu de mots — « que le contraire. Sois espiègle. »*

Shakespeare a révélé le « corollary *», le surplus d'être du mage. Mais il n'a pas voulu que cela ; et à peine le masque joué, le contre-masque engagé, il peut en déduire et va nous montrer bien davantage, au plan cette fois de l'action comme elle a lieu dans la pièce même. Que se passe-t-il, pendant que les moissonneurs et les nymphes se livrent aux ébats du* country footing *? Prospéro pâlit, il interrompt brusquement, brutalement, le spectacle, il surprend Ferdinand et Miranda par son apparence troublée : une « émotion », dit Ferdinand, le travaille, dont Miranda ajoute qu'elle n'en a jamais vu chez lui de si agitante. Pourquoi Prospéro a-t-il changé* *d'humeur, si soudainement ? Est-ce parce qu'il se souvient, comme il se le dit alors, que Caliban conduit vers lui deux des naufragés en cet instant même, avec l'intention de lui planter un clou dans la tête ? Il avait presque oublié ce complot, il ne serait que temps maintenant d'y faire face. Mais on doute fort que Prospéro craigne le moins du monde ces trois ivrognes qui se dirigent vers sa hutte — où d'ailleurs il n'est pas — d'un pas mal assuré et dont il a pris soin déjà de brouiller l'avancée grâce à des ruses d'Ariel, toujours au courant de tout. S'il est vrai que Caliban compte, effectivement, dans l'émotion présente de Prospéro, c'est pour une raison tout autre.*

Et cette raison, c'est qu'à écouter le masque, qui est son œuvre, Prospéro a pris conscience de l'arrière-plan de son être que cet écrit permet aisément à tout lecteur d'entrevoir. Fut-ce une découverte absolue ? Ne pressentait-il pas celle-ci et même ne la désirait-il pas quand, avec le vertige de qui commence à comprendre ce qu'il s'était dissimulé jusqu'alors, il demanda à Ariel, juste après son discours aux fiancés si sévèrement moraliste, de jouer la pièce avec tout l'allant, toute l'inconvenance possible ? En tout cas il sait maintenant qu'il n'est pas ce qu'il croyait être ; que sa concentration spirituelle ne retient pas dans ses belles nobles structures tout ce qui en lui désire, imagine, rêve ; que sa pensée s'abaisse toujours à des aspects de la vie dont il croyait avoir fait justice ; que sa remontée vers le « plus haut ciel » en est donc précaire, et qu'il y a peut-être dans son rapport à soi le plus intérieur un mensonge là où déjà il croyait avoir touché au salut. De quoi, certainement, se troubler, interrompre ce qui avait bruit et couleur de fête, — et de quoi penser à Caliban, parce que cette découverte du « ça », comme diraient les psychana-

lystes, révèle en somme à ce Prospéro décontenancé un Caliban en lui-même. L'être des désirs grossiers, l'« esclave difforme » qu'il jugeait si sévèrement, quitte à le noircir plus que de raison, il n'est pas sans être à son image. Et qui vient lui planter un clou dans la tête — détruire son projet tout mental de perfectionnement spirituel —, sinon quelqu'un qui n'est nullement à errer dans l'île avec deux rescapés de la valetaille du navire : n'étant en fait que le mage se découvrant sous un nouveau jour ?

La découverte de Prospéro est assurément bouleversante ; et qu'elle soit bien son expérience — qu'elle soit bien un fait de la pièce, dont la suite va tenir compte —, c'est confirmé plus encore par le moment d'évidente dépression que le mage va traverser dans les minutes qui suivent. C'est alors en effet que pour calmer l'inquiétude de Ferdinand, née de la perception de la sienne, Prospéro déclare d'abord que ceux qui jouaient le masque et le contre-masque ne sont que des esprits, qui se dissolvent dans l'air — un fait qui ne devrait pas le troubler, puisque c'est là leur nature, dont il se sert à ses fins magiques ; mais qu'il en va de même des plus beaux palais, des temples les plus sacrés, des plus hautes tours et d'ailleurs aussi de la terre même. Le monde comme nous l'imaginons et le construisons n'est, dit-il, qu'un rêve. Nous sommes de l'étoffe des songes, notre vie n'est rien qu'un instant perdu dans ce grand sommeil. Est-ce là rappeler ce que les mages enseignent, à savoir qu'il faut s'élever au-dessus de la réalité ordinaire ? N'est-ce pas bien plutôt se séparer d'eux, puisque pour le mage en pays chrétien la terre a été créée par Dieu, est réelle, ce qui est vrai aussi des choses de la nature et de nos vies ? Oui, ce que Prospéro met en doute, maintenant, c'est bien cette métaphysique qui, autant que la structure céleste des analogies et des nombres, postule, à son niveau inférieur mais indubitable, la réalité matérielle. Comme le pouvoir politique, dit par les « gorgeous palaces », comme les religions, dites par les « solemn temples », le projet de la magie blanche, signifié quant à lui par cet « insubstantial pageant », le masque, n'aurait été qu'illusion, un rêve lui aussi, un de ces rêves qui avouent de surcroît, quand on sait les interroger, leur lourd arrière-fond de fantasmes des plus quelconques, de faiblesses humaines, trop humaines. Et il ne resterait alors à celui qui s'y adonnait que fatigue, trouble d'esprit et vieillesse :

« Pardonnez-moi ! Mon cerveau a vieilli »,

dit Prospéro à la fin de ce discours du néant de tout dont on ne voit guère pourquoi il rendrait Ferdinand « cheerful », plein d'allant et de bonne humeur.

C'est un moment décisif, ou qui pourrait l'être, cette fin de scène où maintenant Prospéro semble même encourager Miranda et Ferdinand à aller seuls « se reposer » dans sa hutte, comme pour effacer la leçon de vertu qu'il leur avait faite et qu'il ne se sent plus en droit de leur répéter désormais. Prospéro va-t-il donc changer ? Nullement renoncer au premier degré de ses pratiques magiques, Ariel est là pour lui prouver qu'il dispose bien de cet art, illusion ou pas. Nullement abandonner son idée de démasquer Sébastien, de marier sa fille au prince de Naples, car pourquoi ne poursuivrait-il pas ces projets qui sont de ceux qu'en une existence sans illusions de nature spiritualiste il aurait pu se donner tout aussi bien ? Mais comprendre que son plus haut et plus cher *dessein, le* bettering, *la remontée de l'âme vers le divin, n'est peut-être plus, désormais, de mise, étant voué à l'échec faute de prise sur cette part de lui-même qui vient de se découvrir. Loin de l'avoir considéré, jugé, sublimé, il s'était contenté de le refouler, cet autre de soi, jusqu'à ces dernières heures où l'amour de Miranda pour Ferdinand, l'ingénuité de l'élan de la jeune fille, l'évidence de son désir — l'éclat, disons, de la vie sur terre en ce que celle-ci peut avoir de direct, de plein — l'ont obligé à se souvenir de quelques aspirations en lui, de quelques regrets, et ainsi ont rendu le refoulement de son humanité simple intolérable, impossible. Et maintenant que la vérité se découvre, va-t-il pouvoir continuer de croire qu'il peut par la voie des analogies prétendre à participer de l'impersonnel du divin, ne lui faut-il pas reconnaître que le corps, le désir, la finitude donc, le hasard sont à cet angélisme un obstacle irréductible ? Qu'ils sont même ce qu'il convient de reconnaître et de vivre pour participer authentiquement d'une réalité véritable ? Pour faire son salut comme il faut que soit celui-ci : du corps autant que de l'âme ?*

VIII

Prospéro, en bref, va-t-il opérer la conversion intérieure qui, au sein même de La Tempête, *répandrait la pensée du* Conte d'hiver ? *Mais observons un indice qui ne porte pas à le croire. C'est le discours que dans son abattement il a tenu — pour qu'ils soient «* cheerful *», disait-il, non sans sarcasme peut-être, non sans douleur — à Ferdinand et à Miranda. Annoncer que tout est rêve, en effet, que rien n'est qui ne soit image,* *fugitive et sans aucune substance, est-ce là énoncer la vérité ? Est-ce là apporter enfin la preuve de la lucidité qu'on se doit ? Mais cette vue pessimiste, ce n'est certes pas celle que Perdita ferait sienne ; ni Hermione ; ni, même dans* La Tempête, *Miranda, heureuse comme on la voit quand elle envisage sa vie prochaine. Car, pour qui aime, le monde existe. Le sentiment qui attache à un objet extérieur à ce que l'on est — à ce qui n'est ni soi ni souci de soi — étend à toute chose alentour sa réalité du fait des craintes et des espoirs qu'éveille l'intérêt que l'on a pour lui, pour lui que l'on aime. Et y a-t-il la moindre raison de mettre en question cette foi, de ne pas en suivre les voies dans l'épaisseur du donné du monde, alors que c'est d'elle et d'elle seule que la société humaine découle, avec l'horizon qu'elle s'est bâti, temples et palais justement, lesquels ne sont en somme des illusions que pour qui a cessé de croire en sa légitimité de fondateur d'une terre — comme pourtant il le faut ? L'erreur de Prospéro philosophe occulte avait été d'estimer seules réelles les structures impersonnelles qu'il imaginait dans les divers mondes ; elle est maintenant de ne rien trouver de réel sous ces formes évaporées, mais en fait c'est toujours la même attitude, le même credo décontenancé mais irremplacé, la même incapacité de percevoir ce qui est vraiment — et l'on peut certes craindre que cet esprit ambitieux, inquiet comme le voici, doutant de ses ressources au plan d'intelligence angélique où il se croyait parvenu, ne soit pas pour autant capable de la révolution intérieure qui lui rouvrirait l'avenir en le réconciliant à sa finitude.*

On peut le craindre ; et la suite des événements va montrer, en tout cas, la difficulté qu'aura Prospéro à se maintenir dans la vérité qu'à la fois lui ouvre et lui ferme son rapport contradictoire à soi-même. Que se passe-t-il, maintenant qu'il a pris conscience de l'autre en lui, de la vanité de son ambition d'unité, mais aussi proclamé l'illusoire de tout et aussi bien de son être propre ? Du point de vue de son projet à court terme, punir ses ennemis, marier sa fille, le moment critique arrive — « Now does my project gather to a head », *constate-t-il — mais de ce côté-là rien de sérieux n'est à craindre car tous les charmes opèrent, les esprits de l'air obéissent : ce n'est pas la magie élémentaire, à son niveau d'efficace toute pratique, qui fait problème, et le duc de Milan peut déjà se voir au seuil de sa hutte en posture de justicier devant les naufragés confondus. — Mais justement, que faudra-t-il qu'il fasse de sa victoire ? Avant que Prospéro ne se fût laissé prendre par le doute cette heure du triomphe lui eût paru toute simple, l'attitude à adopter évidente, les traîtres eussent été châtiés, les autres obligés à ses vues ; et, son pouvoir étant ainsi rétabli dans la société à nouveau en ordre, le prince-mage aurait pu se consacrer de façon plus intense autant que directe à la seconde phase de sa recherche : méditation désintéressée des forces occultes dont jusqu'à présent il s'était surtout servi à des fins de courte visée.*

Mais maintenant ? Au moment où devant les autres il paraîtra tout-puissant faudra-t-il qu'il n'ait rien à ressentir en lui-même que la vanité de cette heure depuis si longtemps désirée : dissipée étant l'espérance qu'elle commencerait l'ascension du ciel des analogies et des formes, alors pourtant que les « superbes palais », les « temples solennels » et les hautes tours du pouvoir futur à Milan ne pourront lui sembler que tout autant illusoires — Milan à quoi il pensait, n'en doutons pas, Milan qu'il voyait se défaire dans « l'air léger » quand *tout à l'heure il parlait du néant de tout ? Et pis encore, lui faudra-t-il à ce moment-là décider qu'il n'avait poursuivi jusqu'alors que des fins de la sorte la plus commune, le désir de la vengeance surtout, cette «*fury*» — un mot très fort, où il y a de la rage — qui le prend à la pensée de son frère ?*

Prospéro se demande ce qu'il va faire de sa victoire. Et c'est alors que la pensée du pardon, bien naturellement, se présente à lui, mais d'une façon qui va rester — c'est tout le sens de cette fin de la pièce — en retrait sur un grand possible, celui que Le Conte d'hiver, *au contraire, avait proposé de tenir pour réalisable. En retrait, et par conséquent sans pouvoir aider l'ordre à se rétablir dans l'être, la vie à reprendre et à refleurir.*

*Que se passe-t-il, au début de l'acte V, quand Prospéro fait le point des événements de la journée qui avance ? Ariel lui décrit l'état malheureux du roi de Naples et de ses compagnons d'infortune, recrus de leurres et de fatigues ; il lui suggère discrètement de se laisser attendrir. Et il n'y a guère à douter qu'Ariel qui n'est qu'un esprit de l'air, ignorant du temps et de la souffrance, n'avance cette pensée que parce que, comme il le disait un moment avant — «*Thy thoughts I cleave to*», c'étaient ses mots, certes médités par Shakespeare —, il fait corps avec la pensée de Prospéro, il l'entend à l'instant où elle se forme, sinon parfois la devance. L'idée de la pitié, de la compassion vient donc à Prospéro comme tel, et c'est évidemment comme la conscience qu'il prend de l'occasion de dépassement de soi que la situation lui offre : elle qui ne lui promet plus de progrès dans l'expérience mystique, elle lui permet tout de même une expérience morale. Et s'il n'y avait pas songé jusqu'alors — parce que c'était l'ordre social qui importait à ses yeux,* *non le destin des individus — en tout cas il voit bien maintenant que sa condition de vainqueur est en ce sens une épreuve : il peut accepter celle-ci, il peut découvrir grâce à elle la primauté du pardon sur la vengeance, être « vertueux » — c'est là son mot — et ainsi se sentir à nouveau plus grand que, dirais-je, son inconscient. Si bien d'ailleurs qu'aussitôt sa décision prise, pardonner, il décide de renoncer ses pouvoirs de mage, qui ne pourraient désormais que l'inciter à vain rêve et le détourner de cette vertu qui reste sa seule voie. Déjà, le matin, il était décidé à se priver d'Ariel, mais comme on laisse au-dessous de soi le premier barreau d'une échelle. Tout autre est son rejet d'à présent, on y entend la condamnation. À peine a-t-il dit à Ariel, des naufragés que celui-ci retenait captifs : « délivre-les, rends-les à eux-mêmes », il se tourne vers l'univers dont il avait cherché à maîtriser les forces occultes, et abjure avec grande solennité cette magie qui décidément n'était donc que* rough, *matérielle, puisqu'elle ne permet rien de vrai sur la voie du salut de l'âme. Un peu de cette puissance encore pour le réveil de ceux qui errent dans l'île et s'assurer d'une mer cette fois paisible pour la traversée du retour, mais rien de plus, et déjà Prospéro brise son bâton et jette son livre «* deeper than did ever plummet sound » *: si profond sous les eaux que jamais personne ne pourra retrouver cette incitation au leurre, à la méconnaissance de soi.*

Mais qu'est-ce que la pitié, le pardon, comme Prospéro les conçoit ? Un contrôle qu'il va exercer sur ses pulsions, rien de plus. Quand Ariel le décide, le masque lui ayant rappelé ce qu'en fait il sait, maintenant, à savoir qu'il n'est qu'un humain comme les autres, souffrant aussi fort des mêmes passions, c'est à sa raison qu'il fait aus-

sitôt appel pour endiguer son ressentiment — sa « furie » —, c'est à la pensée que la « vertu » est plus haute et plus belle que la vengeance : et raison et vertu dans ce contexte, ce n'est certes plus le monde platonicien des Idées, mais cela reste une volonté de maîtrise qui porte sur qui l'on est, qui n'a souci que de soi.

IX

En somme Prospéro miséricordieux n'a pas été mû, pour autant, par une vraie sympathie pour ceux auxquels il va pardonner ; encore moins a-t-il été saisi par la grande force d'amour que Le Conte d'hiver *montrait à des printemps de la vie si brusquement réveillée ; et aussi bien le monde que le duc exilé jugeait en désordre et incitant à critique ne sera pas rédimé. Ce qui se marque, au dernier acte de* La Tempête, *où on veut si souvent s'émerveiller du contraire, c'est qu'après les révélations de Prospéro, après même son pardon explicitement accordé, ses décisions signifiées, tout continue comme avant. Antonio le traître — que Prospéro déteste toujours, le nommer frère « infecterait sa bouche » — et Sébastien son complice se repentent-ils, nullement. L'un se tait, l'autre murmure que c'est le diable qui parle, et quand on les entendra à nouveau, ce sera pour leurs plaisanteries habituelles, et combien grossières, cette fois à l'encontre de Caliban. Il est à remarquer d'ailleurs que Prospéro sait fort bien lui-même qu'il n'y a rien à attendre d'eux. Plus tard, se promet-il, il dénoncera au roi de Naples les machinations qu'Antonio prétendument pardonné et Sébastien, le frère du roi, ont ourdies aussi contre ce dernier. Et il n'y a pas de raison de s'écarter du premier Folio, l'édition princeps de la pièce, qui met au présent le verbe quand Prospéro dit à Antonio qu'il est mû par l'ambition.*

Pas de dissipation du vice, pas de transmutation des êtres, du moins de ce côté-là. Et de l'autre, celui que l'on peut dire l'aspect positif des projets de Prospéro, le cœur de son espérance : Miranda maintenant fiancée à Ferdinand par consentement aussi du roi de Naples ? Ne pourra-t-on dire changée une société où au moins ce mariage-là aura droit à son harmonie ? Mais c'est précisément en ce point focal de toute la pièce que Shakespeare nous donne, et certainement à dessein — il l'a si bien mise en scène ! —, l'indication la plus décevante. Tous les comptes étant réglés, tous les acteurs du drame, en tout cas les nobles, étant rassemblés sauf Miranda et Ferdinand, il faut bien que ces derniers reparaissent, et la belle idée de Shakespeare, c'est d'ouvrir devant tous — et devant nous aussi, les spectateurs — la hutte où l'heure d'avant Prospéro avait incité les fiancés à chercher repos. Voici que le mage fait se tourner les regards vers ce qui fut sa demeure ; et avec quelque solennité il promet au père de Ferdinand, le vieux roi, le spectacle d'une « merveille » qui lui plaira, lui dit-il, autant que lui-même est heureux d'avoir recouvré son duché. Sur quoi le rideau se lève — on peut bien employer ces mots tant c'est là, devant une cour, une situation de théâtre — et Ferdinand et Miranda sont soudain visibles, en ce lieu que Prospéro leur avait assigné, on s'en souvient, comme l'épreuve du sérieux de l'amour dont protestait hautement le jeune prince.

Et de fait c'est bien sagement que Miranda et Ferdinand apparaissent là, assis l'un en face de l'autre, penchés sur un échiquier, et un instant alors il est permis de penser — sachant ce que fut le jeu d'échecs dans la société médiévale puis renaissante : l'occasion de rapports courtois entre les chevaliers et les dames, le consentement, au moins un instant, au moins symboliquement, à égalité, à franc jeu, dans le débat des deux sexes — que Shakespeare veut cette fois inciter à des pensées optimistes. Mais que se passe-t-il, à l'instant précis où tous les yeux se portent sur les joueurs ? « Sweet lord, you play me false ! » s'écrie Miranda : « mon doux seigneur, vous avez triché ! » Non, non, répond Ferdinand, « je ne le ferais pas, l'enjeu fût-il le monde ! » Et Miranda, en retour : « Que si, vous le feriez, et pour simplement des royaumes, et moi je dirais aussitôt que c'est franc jeu. » Ferdinand a-t-il triché, Shakespeare ne nous permet pas d'en être tout à fait sûrs. Mais ce qui est avéré, c'est que Miranda, qui l'heure d'avant s'était proposée comme la servante de Ferdinand si celui-ci ne l'eût point aimée, se voit dans l'avenir et déjà s'accepte comme l'épouse qui en subira la loi, sinon le caprice, et comptera moins pour lui et pour tous que les ambitions de son pouvoir d'homme exercé parmi d'autres hommes.

Or, rappelons-nous maintenant que cet échange a lieu sur une sorte de scène ; rappelons-nous qu'un théâtre dans le théâtre, il y en avait déjà eu un dans Hamlet, où le prince de Danemark, auteur d'une bonne part de la pièce qu'on allait jouer, avait dit explicitement à ses comédiens que la représentation scénique est le raccourci de la société, le miroir de sa vérité ; et risquons-nous donc à conclure qu'avec cette partie d'échecs et l'incident qui la trouble Shakespeare n'a pas cherché à agrémenter d'un épisode plaisant l'intensité austère du cinquième acte, — non, il a voulu confirmer, d'une façon qu'on peut dire archétypale, que la société que Prospéro voulait rendre à son harmonie ressort de cette journée qui s'achève la même qu'à son matin. Et avec en particulier la même absence des femmes si ce n'est pas une plus complète : puisque Miranda, avant l'arrivée de Ferdinand, était là, aimante, avec encore son avenir, alors que maintenant la voici qui part comme Claribel, aussi sacrifiée et aussi soumise. Que montre le « miroir », dans La Tempête ? Non le meurtre du roi, comme dans Hamlet, mais celui, symboliquement, de la reine.

Comme on est loin, dans ce crépuscule de La Tempête, de cet autre lever de rideau, à la fin du Conte d'hiver, quand Paulina découvrait à Perdita et Léonte la statue, mais non : la présence vive d'Hermione, la femme qui revivait et rendait de ce fait au monde son unité et son harmonie ! La fin de La Tempête est pessimiste, bien qu'on s'y congratule, bien qu'on s'y prépare avec une apparente allégresse au voyage du retour sur le vaisseau réchappé lui aussi de son illusion de naufrage. — Toutefois il faut aussi remarquer que ce pessimisme ne signifie que relativement à l'action propre de La Tempête. Il ne concerne et ne juge que la sorte de rénovation de la société que Prospéro avait tenté d'accomplir. Et la question que nous nous posions trouve dans cet échec qui n'est donc que celui du mage un commencement de réponse. Shakespeare cherchait-il à manifester, voire célébrer, les pouvoirs des mages contemporains quand il a entrepris sa dernière œuvre ? Mais voici alors qu'il n'a présenté l'un d'entre eux qu'en en soulignant les inconséquences et les faiblesses, en lui faisant découvrir qu'il s'illusionnait sur soi, en montrant qu'au bout du chemin ce n'est pas ce scrutateur des forces occultes qui aura pu revivifier tant soit peu la relation de la personne humaine à la société et au monde.

À l'automne 1610 et au théâtre du Globe — le lieu shakespearien par excellence — Ben Jonson, on l'a souvent remarqué, avait mis en scène dans L'Alchimiste une critique sociale des tenants de la haute science, amusant son public par un tableau des escroqueries qui se multipliaient au nom de ceux-ci ou que certains d'entre eux commettaient eux-mêmes. Shakespeare, puis-je ajouter, fut celui qui voulut opérer la critique métaphysique de ce problème de leur époque commune, portant cette fois l'enquête au-dedans de l'esprit de l'occultiste, montrant que l'illusion agit tout d'abord sur celui-ci, qui est donc sa propre victime. Shakespeare a sympathisé avec Ben Jonson, dans ces années où l'on prit parti. Mais c'est à niveau plus profond qu'il a réfléchi ; et, remarquons-le maintenant, il n'a pas conclu aussi vite ni durement que son ami et rival le satirique. Analysant et jugeant le mage, il n'a pas condamné Prospéro.

X

Qu'est-ce qui me permet de parler ainsi, dira-t-on, et d'ajouter in extremis à l'idée d'un procès que La Tempête aurait fait au mage la suggestion d'un second regard, cette fois indulgent, sur Prospéro ? Eh bien, c'est l'« épilogue » que Shakespeare a donné, de façon assez inusuelle, à cette dernière des pièces qu'il ait écrites ; et qu'il a placé — vingt octosyllabes rimés, en rupture avec l'écriture du reste — dans la bouche même du duc qui s'apprête à quitter son île.

Souvenons-nous : Prospéro vient de rendre à Ariel sa liberté, l'elfe se dissipe au-dessus du monde, et le mage lui-même s'efface au seuil de sa hutte pour laisser le roi y entrer, mais il n'a pas pour autant quitté la scène. Et à la surprise, on peut bien le croire, des spectateurs de 1611, le voici qui s'avance vers eux, sur le proscenium, et leur parle, directement. À leur surprise : qu'a-t-il donc à leur dire, désormais que les jeux sont faits ?

Toutefois, les spectateurs, les lecteurs de La Tempête ne doivent-ils pas, maintenant que la représentation s'achève, avoir présent à l'esprit que Prospéro, au moment du masque, avait commencé à réfléchir, avait hésité, s'était troublé, mais sans avoir eu l'occasion plus tard de laisser transparaître la suite de ses pensées ? De ses réflexions dernières ils ont appris seulement qu'elles lui demandaient le renoncement à sa magie — à sa magie matérielle, « rough magic » — parce que celle-ci ne l'aidait pas à chercher plus haut, au ciel de l'Idée, le « bettering » de son âme. Ils peuvent aussi avoir compris qu'il chercha alors dans une vertu désormais purement morale, fondée sur la seule raison, la solution, serait-elle peu ambitieuse, du problème dont il venait de prendre conscience : comment préserver dans les circonstances nouvelles l'estime qu'il avait l'habitude d'avoir pour soi ?

Mais je voudrais rappeler aussi que lorsque avait reparu Caliban couvert de honte autant que de boue, Caliban démasqué dans ses intentions criminelles et qui s'attendait à être puni, Prospéro non seulement lui avait pardonné, sans trop de sévérité, mais avait dit à la brillante assemblée que cette « chose de ténèbres » — « thing of darkness » — était sienne, ou même une part de soi, la phrase étant ambiguë, à dessein peut-être, mais en tout cas surprenante. Et souligner enfin que ses derniers mots, ou à peu près, dans la pièce, furent pour *dire qu'à son retour à Milan il n'aurait de « troisième pensée » — les deux premières : sa fille et sa descendance, puis l'exercice de son pouvoir — que « pour la tombe ». En entendant ces paroles ne fallait-il pas soupçonner que sous cet ultime signe précisément, signe de la mort, signe de l'existence perçue en ses limites de temps, de lieu, reconnue le hasard qui se fait destin, Prospéro avait quelque peu réfléchi — rencontrant d'ailleurs, pour la première fois depuis bien longtemps, la société comme elle est, comme elle ne peut que rester — et mûri une expérience nouvelle, qu'il veut maintenant formuler ?*

Et de fait ! Et qu'il est émouvant d'apprendre dans cette déclaration ultime qu'il prononce au premier plan de la scène — le dos tourné à cette île de toutes les illusions, les yeux penchés vers ces regards dans la salle qui sont restés fixés sur lui à travers ces mêmes mirages — que le mage de quelques heures plus tôt, l'être arrogant, brutal même, qui ne doutait ni du bien-fondé de son droit ni de la valeur de sa science, voici qu'il se consent désormais et s'avoue l'homme le plus ordinaire : duc de Milan peut-être, mais sans vrai bien que sa conscience de soi, d'ailleurs précaire ; et en risque de désespoir s'il ne reçoit pas d'autres êtres la sympathie que tout au long de ce jour il n'a guère su accorder lui-même.

Now my charms are all o'erthrown,
And what strength I have's mine own,
Which is most faint (...)

dit-il, et encore : « Priez pour moi », un mot dans lequel il faut moins chercher référence à la religion en place que reconnaître l'idée de ces pouvoirs régénérateurs de l'amour, de la compassion, qu'attestait Le Conte d'hiver *mais dont semblait ne plus rien savoir* La Tempête *d'un an plus tard. « Priez pour moi, je n'ai d'autre bien que votre prière. » Je ne suis que par votre regard, pour autant que je saurai vous le rendre. Je ne suis qu'un être humain qui n'a d'être que grâce à l'échange d'absolu qui peut s'instituer entre lui et de semblables hommes et femmes, emportés qu'ils sont tous pourtant dans les courants de la mort. Courants, remous, gouffres que l'on pourrait dire une tempête et le néant même, mais qui, d'un autre point de vue, celui de ce don réciproque, sont tout aussi bien une mer calme. «* Gentle breath of yours *», dit Prospéro, que « le bon souffle » de vos âmes gonfle les voiles de ma nouvelle embarcation vers son suprême rivage. Certes, ces paroles sont émouvantes. Mais elles sont plus que cela encore.*

Elles révèlent, en effet, que Shakespeare avait bien pu vouloir faire de La Tempête *une critique des contradictions inhérentes aux spéculations des mages, une dénonciation de leurs prétentions abusives : il n'en était pas moins demeuré tout à fait apte à penser — du fait des intuitions de sa sympathie, qui ne se sera donc jamais démentie — que tout être d'orgueil, de démesure a pouvoir, défaites ses illusions, de se reconnaître un homme comme les autres, avec alors les grandes ressources qui sont en l'humanité : si bien que le moment où s'exténue la chimère est aussi celui où qui a erré, et erré encore, est en situation de déceler et de faire ce qui importe vraiment. — Constatation optimiste certes, juste après les moments selon moi bien sombres du cinquième acte. Constatation, peut-on craindre, un peu trop volontariste, car comment ne pas s'étonner que Prospéro soit passé si vite de sa miséricorde dure, de sa vertu raisonnable, au sentiment de déréliction qui s'exprime avec émotion dans l'épilogue ? Constatation, il est vrai, rassurante pour ce Shakespeare qui a pu redouter, à des moments de sa vie, qu'il n'était lui-même que le metteur en scène d'un rêve.*

XI

J'en viens, autrement dit, à la seconde question que je voulais aborder : non plus si Shakespeare avait ou non fait crédit à une figure de mage, mais pour quelle raison il s'était attaché à l'une d'elles, en ce point de son œuvre, et de sa vie.

Question qui semble bien s'imposer, en ces dernières minutes de La Tempête, *puisque le personnage et l'auteur ne sont plus pour cet instant sur la scène qu'une seule et même présence. Prospéro demande aux spectateurs qu'ils le délivrent de ses « liens », qui sont les catégories de pensée qui l'ont retenu à son drame, mais les « mains » qui vont ainsi le dégager de l'idée qu'il se faisait de lui-même sont celles qui, en applaudissant, donnent leur approbation à Shakespeare pour cette pièce et donc pour sa pensée propre. Quand Prospéro s'avance vers l'audience il est déjà presque à découvert l'acteur qui interprète son personnage et à travers cet acteur l'auteur qui a décidé de l'action. Est-ce pour suggérer qu'il y a, hélas, du Prospéro dans Shakespeare ? Ou, à l'inverse et heureusement, du Shakespeare dans* La Tempête *? Distinctement en tout cas est-il signifié qu'il y a entre l'écrivain et sa création une implication réciproque, à laquelle on demande de réfléchir.*

Pourquoi ce lien si fort, peut-être si spécifique, entre Prospéro et Shakespeare ? À un premier degré du problème c'est facilement explicable. Un mage, c'est essentiellement pour la pensée élisabéthaine celui qui suscite de l'illusion, car l'époque ne reconnaissait que mal à la magie blanche le droit d'agir sur la réalité même ; et Prospéro n'a pas tellement dérogé à cette consigne, nous l'avons vu, puisque que le naufrage qu'il fit accroire à Ferdinand et à tous les autres n'a taché aucun vêtement, n'a mis en péril aucune vie. Or, s'il ne s'agit donc que de faire semblant, le théâtre le peut tout aussi bien que tout Prospéro, et Shakespeare a droit d'estimer, ironiquement, qu'il y a de la magie dans son art. Ironie qui est bien visible dans cette scène de la tempête, justement. Du point de vue de l'économie de la pièce, elle est inutile, il ne s'y passe rien qui va compter pour la suite, elle défait même l'unité de lieu et de temps que Shakespeare, pour une fois, semblait avoir à cœur d'observer : quelques mots dans la scène suivante, d'exposition, auraient pu la remplacer sans vraie perte. Mais elle est importante en ceci qu'un navire sur scène, avec du vent qui souffle et de l'eau qui tombe, et beaucoup d'éclairs, c'est manifester les ressources d'illusionnement d'un metteur en scène ; et quand on va apprendre que la supposée réalité évoquée, cette épouvantable tempête, n'était déjà que de l'illusion, du théâtre à la Prospéro, c'est le dramaturge du Globe qui se rappellera au bon souvenir de l'autre, là-bas dans l'île.

Mais ce n'est pas seulement sa propre capacité de faire illusion, sa propre magie en somme superficielle, que Shakespeare veut comparer à celle des mages : il est bien trop pour cela Shakespeare, c'est-à-dire un esprit méditatif et qui a réfléchi, en particulier, et souvent, aux vertus et aux dangers du théâtre et à l'effet sur l'esprit, et d'abord le sien, de l'illusion que l'on pratique sur scène.

Ce faire-accroire est utile et même bénéfique, a-t-il pensé, et parfois indiqué, explicitement. Lorsque Hamlet conseille les comédiens il leur dit, je l'ai déjà rappelé, que si le théâtre invente des situations ou des êtres, c'est pour tendre un miroir à la société, afin que celle-ci y découvre une vérité que l'existence effective méconnaît ou se dissimule. L'illusion du théâtre est vérité. Elle tend à défaire l'auto-illusionnement dont hommes et femmes se drapent dans l'existence réelle. — Oui, mais l'auteur n'en a pas moins obéi en agençant son spectacle à sa propre vision de la société, de la vie, du monde : et cette conception peut être erronée, et donc brouiller le miroir. Même dans Le Conte d'hiver, *où tant de conviction s'affirme avec tant de force, ne perçoit-on pas vers la fin un peu d'inquiétude de Shakespeare quant à la possibilité, dans les faits, de ce qu'il montre, à savoir cette fondation de l'Être par le vouloir de l'amour dont d'admirables scènes semblent pourtant apporter la preuve ? Le dramaturge est un honnête témoin, mais qui rêve peut-être la vérité qu'il enseigne. Loin d'avoir discerné les forces qui véritablement gouvernent le monde, il se pourrait qu'il en imagine d'autres, et qu'à bâtir ses propres décors de tempêtes, de naufrage aux rives de la Bohême, d'enfants perdus et retrouvés, de faucons qui conduisent des princes à des bergères, il ne fasse que leurrer les spectateurs de son œuvre à des mirages, des labyrinthes où ils se perdront.*

On ne se perd pas dans mes labyrinthes, assure au contraire le mage : par faux naufrages, fausses pertes d'un fils, d'un père, faux festins faussement offerts et autres épreuves où l'illusion tient le premier rôle, les quelques personnes que Prospéro prend en charge sont efficacement incitées à se reconnaître, pourrait affirmer celui-ci, sont obligées à leur vérité. Et, à mon sens, telle est la raison pour laquelle Shakespeare s'est intéressé à la haute science après Le Conte d'hiver, *et a écrit* La Tempête. *Ces mages qui se prétendent les possesseurs de la vérité, et capables de s'y porter et d'y inciter par leur contrôle des apparences, détiennent-ils effectivement la vraie science, par en dessous ce qui peut chez eux ne sembler que, comme on dit, du théâtre — et dans ce cas une pensée de l'analogie des choses entre elles, des Idées, des Nombres, autrement dit de l'impersonnel, du dédain des hasards de la vie dans le temps mortel, devrait-elle donc prévaloir sur les intuitions et sur les élans qui ont réécrit* Périclès *et animé* Le Conte d'hiver ? *Ou ces théoriciens de la magie blanche ne sont-ils pas que les metteurs en scène d'aspects du monde extérieurs à l'être de la vie, à sa vérité d'existence la plus profonde ? Shakespeare ne s'est pas attaché à la figure de Prospéro pour en célébrer les mérites, dont il se serait convaincu : mais pour juger de ceux-ci, sous le signe de sa propre recherche qui venait de le mettre sur d'autres voies.*

Et c'est donc de cette façon qu'à mon sens il faut lire, au plus intérieur, La Tempête *: comme le projet d'un témoin de la société, Shakespeare, qui se réclame d'une pensée, d'une ontologie, de valeurs qui sont tout autres que celles des adeptes de la philosophie occulte, des mages ; et, peut-être impressionné par cette pensée adverse, désire en examiner la prétention propre en faisant ce qu'un dramaturge peut faire — en faisant la seule chose qu'il puisse : mettre en scène un de ses représentants et revivre en lui donnant la parole, revivre par le dedans, l'expérience de celui-ci pour en explorer les limites.*

Un projet qui suppose, bien sûr, que Shakespeare se sente capable, aux moments cruciaux de l'action, de dis-

tinguer ce qu'un Prospéro ne verrait pas ; capable d'être en ces instants-là un meilleur interprète que celui-ci de situations qu'il aurait su inférer, à partir des besoins et des principes du mage, avec suffisamment de force probante. Entreprise certainement difficile. Il y faut la capacité de méditation autant que la finesse du psychologue. Mais Shakespeare peut prendre appui, pour cette tentative de pénétration d'un esprit, sur ce qu'il a découvert déjà, dans le passé de son œuvre, quant aux mouvements les plus intimes des âmes, il peut fonder sur ce qu'il sait et a vérifié de leurs inconséquences, de leurs craintes, de leurs faiblesses, quitte à observer au passage les siennes propres. Et d'ailleurs, il a réussi, au point qu'il y aurait grand intérêt maintenant à analyser cette stratégie dans divers moments de La Tempête. *Mais je l'ai déjà fait un peu, sur quelques points décisifs, notamment le recours au masque ; d'autre part il est tard dans cette préface. Et je me bornerai donc à considérer de ce point de vue de l'intention, de l'implication de Shakespeare, les deux personnages que l'on peut dire les plus importants de la pièce, réserve faite de Prospéro.*

XII

Le premier, l'être énigmatique que Prospéro confine dans un rocher, aussi loin que possible de sa hutte parce qu'il l'identifie à l'élément terre, celui qui rend difficile le dégagement de l'esprit. « Thou, earth, thou ! » *dit à Caliban le mage, avec ce qui serait du mépris si le* « thou », *le « toi » ne trahissait pas que le « moi » est dans ces mots d'intention blessante secrètement en éveil, avec peut-être de l'inquiétude.*

Et, de fait, dès un premier niveau de l'approche on peut reconnaître aisément que le «salvage and deformed slave» est un de ces moyens dont Shakespeare a voulu — très consciemment à mon sens — se doter dans son travail d'écriture pour mettre à l'épreuve le mage et l'obliger à laisser paraître ses limitations, ses faiblesses. Que perçoit-on dans les moments comiques ou douloureux — ou tragiques — de la présence sur scène de Caliban ? Rien qui ressemble aux diatribes de Prospéro et permettrait de s'y associer. Un être qui est fort laid, sans nul doute, même Stéphano et Trinculo, le sommelier ivrogne et le clown, l'un et l'autre peu exigeants, le décident «un monstre» dès l'instant où ils l'aperçoivent et tout d'abord s'en effraient. Un être teigneux, vindicatif et bien pire encore : car foisonnent dans sa parole, qui est souvent d'invective, les mots de la convoitise et ceux de la couardise, et même des cris de haine et jusqu'à d'horribles idées de meurtre. Mais ces pensées et ces rêveries s'expliquent, tout le contexte le montre, par les frustrations de l'esclave, par son sentiment de l'injustice qu'on lui a faite quand on le priva de sa liberté, par son regret de l'éducation qu'on lui a offerte puis retirée; et elles ne révèlent donc rien qui signifierait en lui ce dont Prospéro l'accuse, à savoir le mal comme tel, le désir du mal, la perversité foncière : cette fascination, cette mystérieuse fatalité que Shakespeare a d'ailleurs su évoquer si bien chaque fois qu'il l'a désiré, par exemple chez un Iago, lequel n'a rien de marquant, pour sa part, dans son apparence physique. En ce qu'il souffre, prétend ou rêve, et en sa naïveté aussi, en sa crédulité, ses frayeurs, ses humbles plaisirs, Caliban n'est qu'un représentant de l'humanité ordinaire. Et même il indique, à quelques reprises, qu'il est capable d'amour. «Je t'aimais, alors», *dit-il à Prospéro, se souvenant du temps où celui-ci lui enseignait le langage, lui apprenait à nommer les choses, ce qui lui était une grande joie ; et son cri le plus émouvant est pour dire que malgré ce premier bonheur il n'aura gagné à parler que de savoir maintenant maudire. Shakespeare a conçu un Caliban qui appelle à la sympathie, au moment même où il montre combien Prospéro le rudoie et en somme le méconnaît. Et c'est bien là une façon de dénoncer chez le mage les limites, décidément, de sa capacité de comprendre les autres êtres.*

Mais Shakespeare imaginant Caliban ne s'en est pas tenu à ce constat des œillères de Prospéro, que permettent d'ailleurs bien suffisamment d'autres aspects de la pièce. Et il importe de remarquer qu'il y a dans Caliban beaucoup plus que les singularités d'une présence physique ou d'un caractère. Qu'on l'écoute avec autant de sérieux qu'on le fait pour Prospéro, pour Ariel — comme Shakespeare l'a demandé, puisqu'il le fait très souvent s'exprimer en vers, notamment quand il soliloque —, et l'on découvre que son discours ne se réduit pas à l'affirmation de son droit ou à ses cris — parfois ses hurlements — de souffrance. Partout y affleure le souvenir de ce qu'il était avant que Prospéro ne vienne dans l'île. Et ce sont alors des moments de couleur claire où l'on aperçoit un adolescent, fils d'une sorcière peut-être mais orphelin et demeuré seul sur l'île déserte, au temps où il se nourrissait d'œufs d'oiseaux de mer ou de baies sauvages, où il cherchait les sources d'eau douce, les creux ombreux, parcourant en tous sens une réalité vierge encore, et qu'il n'avait pas de mots pour nommer. Une existence alors heureuse — elle ne se savait pas susceptible d'être vilipendée, en tout cas —, un rapport au monde tout d'intimité instinctive aux choses de la nature : la conscience comme elle peut s'ébaucher, incomplète mais libre de s'ébrouer dans la lumière de l'origine, avant que ne se referment sur elle les chaînes d'un langage où de l'abstraction s'articule. Et de cette autre façon aussi Caliban prend sens et relief, par opposition au mage. Il représente l'être-au-monde que l'on peut dire immédiat, celui même que Prospéro dénie. — Mais il ne signifie pas que cela.

Car écoutons maintenant quelques vers qui sont les plus beaux de La Tempête *avec simplement ces autres — prononcés presque au même moment — où Prospéro s'écrie que la pensée n'est qu'un rêve au sein d'un vaste sommeil. Caliban vient de rencontrer Stéphano, le sommelier naufragé, porteur d'un vin qui l'enthousiasme et l'enivre, il le prend pour un dieu, il fait alliance avec lui pour assassiner Prospéro, ce n'est pas le moment dans l'œuvre où il apparaît sous son meilleur jour, mais Stéphano se laisse effrayer par un air qu'Ariel — qui, bien entendu, les surveille, mais invisible — joue ironiquement sur son tambourin et sa flûte, il se sent perdu dans un monde étrange. Et Caliban, rendu en revanche au meilleur de soi, semble-t-il, par la musique, lui dit alors que l'île est pleine de bruits mélodieux, en effet; que ce sont quelquefois mille instruments qui peuvent chanter à ses oreilles; et qu'il sait bien pour sa part qu'il n'y a là que délices, avec même mêlées à ces dernières des voix qui lui donnent envie de se rendormir pour mieux s'éveiller à nouveau, cette fois en songe, et voir alors le ciel s'entrouvrir et les « richesses » du ciel au point de neiger sur lui. Dans le texte : « Sois sans crainte », dit Caliban,*

Be not afeard; the isle is full of noises,
Sounds and sweet airs that give delight, and hurt
not.

Sometimes a thousand twangling instruments
Will hum about mine ears; and sometimes voices
That, if I then had wak'd after long sleep,
Will make me sleep again : and then, in dreaming,
The clouds methought would open, and show riches
Ready to drop upon me, that, when I wak'd,
I cried to dream again.

et nous, qui n'entendons ces vers qu'aussitôt troublés et requis, avons alors à nous demander : qu'est-ce donc que ces voix, que ces « richesses » ? Qu'est-ce que ces promesses dans le ciel qui rappellent tant les « solemn temples », *les* « gorgeous palaces », *les* « cloud-capp'd towers » *évoqués dans les vers de Prospéro et placés là encore dans les nuées, et avec même apparence floue, étincelante, mouvante ?*

Mais remarquons que ces richesses du songe de Caliban, si elles venaient à être biens ou beautés sur terre, auraient autant besoin que les temples et les palais qui s'effacent chez Prospéro des structures, des mots, des associations du langage. D'autres mondes ne sont imaginables, serait-ce par simplement des ombres de formes, que si les pressentent au sein du nôtre des souvenirs, des désirs qui ne sont que par la grâce de grands vocables. Et c'est donc déjà du langage, de ses pouvoirs, de ses richesses possibles — de ses musiques aussi — que rêvait Caliban dès avant le moindre mot, devons-nous conclure : ce qui montre que l'être de l'immédiat peut en son moment d'adhésion muette aspirer à une parole comme à un second degré — beauté, intensité, lumière différenciée et d'autant plus une — de son intimité au monde qui l'enveloppe; et naître ainsi à l'humanité, ce parti pris du langage, en y imaginant quelque chose comme une terre du ciel, lieu mystérieux d'éclosions, de fleurissements, de transfigurations « inouïs », ce mot pour retrouver tout le sens qu'a su lui donner Rimbaud.

Par ce « songe de Caliban » Shakespeare indique, en somme, que la nature désire le langage ; qu'elle attend de lui de devenir une terre. Or, cette terre, ce ciel, il a fait dire aussi à l'esclave de Prospéro dès sa première apparition dans la pièce que c'était cela même qu'il avait cru qui s'ouvrait à lui, effectivement, le jour où le magicien arrivé dans l'île avait commencé de lui enseigner des mots qui lui avaient vite permis de mieux reconnaître au ciel le soleil, la lune, et de voir poindre distinctes, dans leur lumière comme changée, beaucoup des choses du monde. Au moment même où il avait délivré Ariel du tronc fendu qui l'étouffait dans sa fourche, Prospéro semblait aussi avoir commencé avec les grands mots de la réalité simple — ceux qui pallient l'incessant oubli du passé, ceux qui étendent l'horizon, ceux qui en rendent audible la musique — de dégager le jeune sauvage de son inconscience de soi.

Reste que Caliban indique aussi dans les vers que j'ai cités — phrases d'une syntaxe trouble, où les temps verbaux se contredisent au point de mêler passé et présent, réalité et chimère — que ce rêve qu'alors il avait cru se réaliser, pourtant il le fait encore ; que c'est aujourd'hui autant que dans ses premières années qu'il veut s'endormir pour mieux le recommencer. Pourquoi ? Évidemment parce que Prospéro qui avait paru lui ouvrir cette terre de la parole ne l'a pas fait, ne l'a pas guidé sur la voie.

Et c'est précisément en ce point de la relation des deux hommes que l'on peut comprendre le sens profond, la nécessité, de la présence de Caliban face à Prospéro dans l'économie de La Tempête, *et percevoir l'ultime pensée de Shakespeare sur ce qu'est un mage et ce qu'il semble apporter, mais en fait étouffe. Si Prospéro a cessé d'instruire Caliban, est-ce, en effet, parce que celui-ci, qui voulait violer Miranda, s'est révélé n'être qu'une* « thing of darkness », *une forme de la ténèbre, décidément irrécupérable ? Rien qu'une motte de boue, de simple terre grossière sur laquelle aucun enseignement, aucune* « nurture », *ne peut imprimer d'effets bénéfiques ? N'est-ce pas plutôt parce que la façon dont les mots de Prospéro perçoivent la réalité, par simplement les aspects généraux des choses, leur virtualité conceptuelle, c'est une confiscation de la parole : l'abstraction qui laisse hors de soi et même dénie tout véritable frayage de l'être-au-monde ? Prospéro n'est pas capable d'aider Caliban parce qu'au moment où il débarquait dans l'île, il en savait déjà moins que lui quant à la nature de ce qui est : une finitude, identifiable et pénétrable dans seulement les catégories de la finitude. Parce que, avant la révolution dont fait état l'épilogue, il n'a rêvé que de s'évader du lieu terrestre : ne comprenant pas la valeur, n'apercevant pas même la voie — pourtant ouverte dans toute source que l'on découvre, dans toute baie que l'on cueille — de cette incarnation dont Caliban pressentait obscurément la lumière.*

Caliban qui aide donc Shakespeare, et c'est là sa signification dans La Tempête, *à déceler et à désigner le plus grand des dangers qui sont en puissance dans l'idée du monde de Prospéro et sa conception de la vie. Considérée dans sa relation éventuelle à la recherche des jeunes êtres cette philosophie est la* « nurture » *nocive, l'enseignement erroné qui censure les intuitions, les besoins les plus spécifiques de l'être de finitude, et fait que l'élève abusé va être en risque bientôt de méconnaître la vérité de l'existence* hic et nunc, *dont l'arrière-fond lumineux, ouvert est* « the great creating Nature », *celle que rappelait* Le Conte d'hiver. *Le mage est un mauvais instructeur, c'est toute la société qui peut en être victime. Et ce n'est pas Ariel, la figure d'Ariel, peinte un peu au-dessus du sol en couleurs riantes à divers moments du tableau, qui va atténuer ce jugement de Shakespeare.*

XIII

Grâce à quelques chansons merveilleusement séduisantes Ariel, le génie de l'air, passe ordinairement pour l'expression d'une expérience quasi mystique, celle d'un esprit qui se porte au plus près des actes qu'accomplissent en deçà des mots les êtres qu'on aperçoit dans la nature qui nous entoure, et cherche ainsi à participer de leur immersion au sein du tout, de son unité, de son infini bonheur à soi-même. « Là où l'abeille butine », chante Ariel, « là moi aussi je butine » ; et de même il fleurit avec le coucou — il fleurit de l'intérieur même du fleurissement du coucou, vaudrait-il mieux dire — et il dort dans le cri de la chouette, il vole dans le vol de la chauve-souris. Ce seraient là des instants délivrés de toute conscience du temps ou du lieu, de tout souvenir ou souci, des instants de pure présence au monde dans l'extase d'un « now », *d'un « tout à fait maintenant » sans commencement ni fin ni limites : vivre, en somme, « étincelle d'or de la lumière* nature ». *Mais qu'il en aille ainsi chez Ariel, au moins pour ce moment où il sait, du fait de sa parole consciente, qu'il a affaire à l'abeille, ou au coucou, n'est sans doute qu'une apparence. Car ce bonheur à l'immédiat risque d'être empêché par le poids que font peser sur ce désir de « liberté libre » les mots qui, du fait qu'ils nomment, gardent à distance des choses. Dire le nom de l'abeille, et déjà c'est risquer d'être retenu du côté de la représentation qu'on s'en fait, en deçà de sa pleine et pure présence.*

Dans le cas d'Ariel cette aliénation est d'ailleurs aggravée, pour même ses moments d'envolées les plus promptes dans la lumière, de lampées les plus heureuses d'air frais, par les ordres que Prospéro lui a donné tâche d'accomplir : ordres qui sont des mots, qui demandent donc le savoir des mots, qui obligent à en passer par des catégories essentiellement verbales qui sont des formes d'aveuglement à bien des aspects de l'évidence. Tantôt Ariel doit mettre le feu au bateau qui passe, puis en sauver les passagers, en endormir l'équipage; tantôt il doit mettre en scène tel mirage qui saisira de remords un des naufragés, tel autre qui devrait divertir des jeunes gens qui se fiancent. Et dans chaque cas c'est profond dans les intrications du langage — plus que par cinq brasses de fond ! — qu'il doit avoir plongé pour s'ouvrir à la pensée de son maître, au risque, on l'a perçu dans le cas du masque, d'avoir à faire siens les fantasmes d'un inconscient. La conséquence est évidemment que le génie captif peut bien se plier aux commandements de Prospéro, ce n'est pas pour autant qu'il s'en ressent solidaire. Il a de la sympathie, même de l'affection pour celui qui lui a ravi sa liberté. Mais il n'aspire qu'à retrouver celle-ci.

Ce qui pose un problème, et majeur, dans l'économie de la pièce : quel sens a donné Shakespeare à la relation de Prospéro et au génie de l'air que le mage a soumis à sa loi — à sa parole —, altérant ainsi, ou différant, ce qui aurait pu garder Ariel dans l'intimité de la vie du monde ? De l'écoute de la chanson d'Ariel on ne peut que déduire que Shakespeare est conscient de la spécificité de ce besoin d'être au sein de l'Un, un besoin qui ne vise qu'à l'éviction de toutes les formes médiatisantes de la pensée, comme il en va par exemple dans le projet d'un mystique d'Extrême-Orient : ce qui opposerait une sorte de bouddhisme, de taoïsme intuitifs chez Ariel à l'empiègement dans les essences, dans les Idées, qui caractérise le néo-platonisme latent des philosophies occultes. Et on est donc tenté de conclure que l'elfe, donné explicitement pour rebelle, pour désireux de revenir à son « let it be *» originel, est ce qui permet à Shakespeare d'inscrire dans* La Tempête *une nouvelle façon de signifier l'aliénation qu'il juge inhérente, en revanche, aux valeurs et aux convictions de Prospéro. Ariel serait, fondamentalement, tout autre chose que son maître, ce que confirmerait le fait que celui-ci doit souvent lui dire qu'il n'ignore pas sa différence et lui promettre qu'il va bientôt la retrouver pleinement. En bref : autant que Caliban, bien que par un autre bout du rapport au monde — un autre bout qui resterait à comprendre —, Ariel serait un des éléments de la critique du magicien par Shakespeare, conformément à ce que j'ai donné pour le projet même de l'œuvre, ou en tout cas le tour que sa rédaction a pris.*

Mais ce n'est pas aussi simplement que le rapport d'Ariel et de Prospéro est définissable. Car d'une part il faut ne pas oublier la remarque qui a déjà été faite : à savoir que le désir d'Ariel d'être présent à de la présence, cet absolu qui devrait se vivre sans mots, est tout de même chez lui, au moins aux moments où il parle, conscience spécifiquement linguistique, nommant l'abeille, nommant la chauve-souris. Vocables qui sont même comme Prospéro les aime pour ses propres emplois de la parole : c'est-à-dire porteurs d'une idée de, disons, l'abeille qui la saisit en essence. Ariel a beau vouloir l'immédiat, il demeure, parlant, dans ce qui généralise, qui médiatise. Du coup son désir, son expression d'un désir, s'apparente à ce qu'on peut dire la rêverie. Il chante dans le chant de l'oiseau, dit-il, mais le chant de l'oiseau ne se sait pas ce qui chante.

Et d'autre part il faut aussi observer que cette chanson d'Ariel, ce manifeste de sa vérité de génie de l'air, n'est pas chantée dans la pièce à un moment où il est seul avec soi, ce qui pourrait signifier pour nous, spectateurs, son autonomie dans l'être, mais pendant les quelques minutes où — les événements se précipitant, Prospéro s'apprêtant à paraître avec majesté devant le roi de Naples et toute sa suite — il aide son maître à se vêtir comme il convient pour cette grande occasion : allant jusqu'à chercher sa vieille rapière. C'est alors, tournant autour de lui, tout près de lui, que le gentil serviteur fredonne « Là où l'abeille butine... ». Et Prospéro l'écoute, et c'est avec grand plaisir. « Why, that's my dainty Ariel ! I shall miss thee », *lui dit-il. « Voilà bien mon charmant Ariel, tu me manqueras. »*

Qu'est-ce que ce regret signifie ? Mais ne faut-il pas se souvenir aussi que depuis le début de La Tempête *Ariel a montré, a dit, qu'il « faisait corps » avec les pensées de Prospéro, que même il les devançait, pouvant aller très profond en elles jusqu'à, je l'ai rappelé, l'inconscient du mage ? Ne faut-il pas remarquer encore que dès ce début Prospéro n'a cessé de montrer ce que ce* « I shall miss thee » *explicite, à savoir qu'il aime Ariel, que sa façon d'être lui plaît, qu'il est triste de ne pouvoir le garder auprès de lui, à jamais ? Et de tout cela ne convient-il pas de conclure que, contrairement au rêve de Caliban, la chanson d'Ariel est moins une pensée étrangère à Prospéro — une pensée dont celui-ci serait incapable — que ce que le mage a en esprit lui-même, lui le premier, en ce moment où il se prépare, soucieusement, pour son épreuve finale ?*

C'est ce que je crois, en tout cas ; et qu'il en est ainsi parce que Shakespeare a su, intuitivement, reconnaître un aspect essentiel du rapport au monde de la sorte d'êtres qui, tel Prospéro, se déterminent par des idées générales et l'aspiration aux structures impersonnelles qui de celles-ci feraient une réalité imaginée supérieure, au sein d'un Intelligible. Ces esprits — tout de même aussi ces personnes, tant que dure la phase d'imperfection — cherchent à établir des analogies par la perception de l'essence dans chaque chose, ils laissent au-dehors de leur saisie tout un surcroît de réalité sensible qu'ils ont décidé du néant mais dont il savent bien, néanmoins, qu'y renoncer leur demande de sacrifier nombre d'instants qui auraient été de plaisir. Et ils gardent donc de cette vie renoncée et le sentiment d'une frustration et une nostalgie qu'il faut bien que la rêverie compense : mais comme seulement la rêverie peut le faire, c'est-à-dire à l'aide de représentations — de ce qui fut rejeté — qui restent au même niveau de généralisation que la recherche du « plus haut ciel », qui a paru trop aride. L'abeille pour cette fois le temps nonchalant de la promenade, dans la chaleur de l'été, et non pour induire l'analogie de la ruche et de la Jérusalem céleste : mais l'abeille qui est encore l'abeille en soi, puisqu'elle est vue dans un mot, et reste ainsi la même abeille éternelle à tout moment d'un chemin où le temps, le lieu, le hasard et autres catégories d'une vie pleinement vécue ne jouent plus leur rôle pourtant on ne peut plus nécessaire d'approches de la présence. — En bref : ce n'est pas en s'attachant à l'objet particulier, dont les dimensions sans nombre retiendraient alors véritablement à des situations de vie incarnée, que le besoin double, contradictoire — abolir l'immédiat, le regretter —, de ces amis de l'Idée en proie à la nostalgie de la simple terre a essayé de se satisfaire. Il lui a fallu l'abstraction même dont leur demande impossible cherche à pallier les effets, et ce n'est certainement pas cette façon de rêver qui porte sérieusement atteinte à la vocation propre d'un mage.

Ariel, en somme, est le rêve de Prospéro, un rêve que celui-ci chérit bien qu'il ait à penser que ce n'est qu'un rêve. Une ombre de l'immédiateté, un peu de mémoire d'une plénitude perdue, mais gardées en deçà d'une expérience plus véridique par le refus du rêveur de se séparer de ce que les mots ont fatalement en eux de vocation à abstraire : et vouées donc à se faire cette chanson pour rien que Prospéro se laisse aller de temps en temps à vouloir que lui chante l'Ariel en lui qu'il prend d'habitude pour l'instrument de ses entreprises de mage. Si Prospéro réussissait, au soir de cette journée, et comme il l'avait espéré, à se délivrer de ses regrets du monde ordinaire, de son imperfection, à s'adonner à son « bettering *», Ariel se dissiperait dans la pensée de son maître, retournerait à la vraie immédiateté, — mais en cessant alors d'être Ariel, en redevenant l'inconscience de soi qui habite l'abeille qui ne se connaît pas comme abeille. Si Prospéro, au contraire, commence à douter de sa capacité spirituelle, comme il le fait à la fin du masque, Ariel lui aussi l'inquiète et celui-ci se rapproche, il trouble les projets formés le matin, il ne chante pourtant qu'avec* *davantage de séduction et de force pendant que son maître médite ce qu'il a été et ce qu'il doit être. Et quand Prospéro aura véritablement changé, quand il sera prêt à prononcer les paroles de l'épilogue, Ariel se perdra pour de bon dans l'air léger. Mais dans tous les cas il n'aura été qu'un aspect du rapport à soi d'un esprit humain, tout humain : ce qui, soit dit en passant, est tout à fait en accord avec la pensée de Shakespeare et ce que l'on pourrait appeler l'anthropocentrisme foncier de sa conception du théâtre. Même les sorcières dans* Macbeth *ne sont que les hallucinations d'un meurtrier en puissance.*

Ariel est le rêve de Prospéro : la suprême façon qu'aura eue le mage, par cette approche rêveuse de l'immédiat, de détourner son esprit de la finitude.

Mais il n'est pas que cela, et pour terminer cette lecture de La Tempête *je veux rappeler une scène dont ce que j'ai pu dire jusqu'à présent n'épuise ni même n'explique la surprenante beauté. C'est la minute où paraît Ferdinand « précédé par Ariel invisible qui joue de la musique et qui chante ». Du point de vue de l'action — de ses motivations, de ses multiples ambiguïtés — il s'agit là d'un des moments les plus importants de l'œuvre puisqu'il va permettre à Miranda peu après, et à Prospéro aussi bien, leur premier regard sur le naufragé. Mais ce n'est pas pour cette raison que la scène frappe le spectateur, le lecteur. Juste après l'altercation rude et sombre, presque sauvage, qui a opposé Caliban à Prospéro elle le fait par l'atmosphère de féerie, de mystérieuse douceur qui soudain envahit la pièce et y répand sa lumière. Écoutons Ferdinand, qui avance subjugué le long de la grève :*

Where should this music be? I'th'air, or th' earth?
It sounds no more; and sure it waits upon
Some god o' th' island. Sitting on a bank,
Weeping again the King my father's wrack,
This music crept by me upon the waters...

murmure-t-il, avec des mots qui ne sont que lueurs, reflets, frémissements d'une eau dans des flaques d'ombre. Ferdinand était, il y a un instant encore, en état de prostration, mais une musique qui a glissé vers lui sur les eaux l'a ranimé, entraîné, et comment s'en étonner puisque voici qu'Ariel chante :

Come unto these yellow sands,
 And then take hands.
Curtsied when you have and kiss'd,
 The wild waves whist,

des mots qui sont une invite infiniment gracieuse et légère, annonce et promesse d'un monde allégé de tout souci, de toute mémoire. Au seuil d'une réalité inconnue une voix toute transparence, toute innocence miraculeuse, suggère qu'il existe d'autres façons pour la vie, que c'est à deux pas, là en avant sur ces bancs de sable et de brume : que cette île où l'on a échoué va se révéler non pas la mort mais la délivrance.

Qu'est-ce que cette voix, qu'est-ce que cette autre illusion de l'île, et certes bien envoûtante ? La voix, c'est tout de même celle d'Ariel, et puisque dans la parole de celui-ci c'est Prospéro qui pense, agit ou même qui rêve — au moins dans tous les cas que j'ai jusqu'à présent pris en compte —, il est tentant de penser que ces « yellow sands », *cette mer calmée, cette danse, toute cette évidente irréalité, toute cette invite à plus que le monde, c'est donc cette fois aussi le rêve du mage, qui envahirait l'action, en ce point, qui lui ferait jeter un autre regard, pour un instant bienveillant, sur ceux qui sont arrivés dans l'île. Mais il est difficile de s'arrêter à cette pensée. Il est trop évident que Prospéro est toujours, qu'il se voue à son action ou qu'il rêve, dans seulement les ambitions et les illusions d'un rapport à soi et à soi seul. Ce n'est pas lui qui peut désirer que l'on se donne la main, que l'on se fasse « une révérence ». Ce ne peut être de lui qu'est née cette idée d'une communauté paradisiaque dans la lumière là-bas, auprès des vagues soudain paisibles.*

Et à qui d'autre faut-il penser, dans ce cas, sinon à Shakespeare lui-même ? Shakespeare qui a voulu faire d'Ariel le dispositif qui dans la pièce lui permettrait de surprendre un mage en train de rêver, en contradiction alors avec l'ambition qu'il croit sienne ; mais qui s'est pris à son propre piège, et ne peut s'empêcher, imaginant si belle figure, de lui prêter les mots mêmes de son désir, qui est d'une humanité plus confiante, plus jeune, d'une « mesure parfaite et réinventée » comme dans « Génie », chez Rimbaud, comme dans Le Conte d'hiver ? *Shakespeare écrit* La Tempête *afin, je le rappelle, d'examiner, critiquer, rejeter une pensée, une ontologie qui contredisent son œuvre de juste avant. Il avance, de constat en constat dans l'examen sévère de Prospéro, sur cette voie qui raffermira son intuition menacée par les tenants de la haute science : et ce sont là des actes de l'intellect. Mais, en des moments comme celui-ci, il devance sa propre marche, il se porte d'un bond de son imagination à l'extrême de son désir.*

Et c'est là certainement prendre un risque, du point

de vue de la recherche qu'il mène. Car c'est un fait que le poème d'Ariel nous charme, nous laisse peu désireux d'en oublier la lumière, nous demeure à l'esprit pendant les actes qui suivent, atténuant de ses rayons et de ses reflets ce qui dans La Tempête *est examen critique du mage, réflexion sur des pensées et des actes, et en revanche ourlant de sa féerie tout ce qui dans les scènes d'enchantements et de leurre — celles dont Ariel fait la mise en scène — est suggestion de surnaturel : ce qui explique d'ailleurs qu'on ait si fréquemment à travers les siècles, et jusqu'à Frances Yates et même aujourd'hui encore, interprété* La Tempête *comme une complaisance à cet outre-monde sinon une apologie des mages alors qu'elle est la dénonciation de l'illusion qu'ils exercent, et sur eux-mêmes d'abord. Qu'est-ce qui incite un auteur à brouiller ainsi sa parole ? Est-ce l'idée que toute entreprise de poésie, aussi éprise de pensée droite fût-elle, se complaît aux belles images ? La crainte qu'il ne soit jamais de poème qui ne se déchire entre vérité et beauté ? Faut-il conclure que Shakespeare sait lui aussi qu'il lui faut reconnaître cette ambiguïté de ses œuvres ?*

Mais observons, pour finir, que la belle chanson d'Ariel, « Come unto these yellow sands », *c'est à Ferdinand qu'elle s'adresse, Ferdinand qui à peine quelques minutes plus tôt était assis, et comme prostré, sur le rivage, dans l'attitude de la mélancolie. Observons aussi que Prospéro — qui est, lui, plus qu'en apparence un mélancolique — aurait pu considérer avec compassion ce jeune homme dont l'âge est celui qu'il avait lorsqu'il découvrit pour sa part les livres de la magie. L'homme presque vieux qu'il est maintenant ne devrait-il pas savoir ce qui est en jeu à ces moments au seuil de la vie adulte ? Et combien la désespérance y est facile, qui incite aux choix dangereux, de la sorte de ceux qu'alors il a faits lui-même, et dans bien peu d'heures aura reniés ?*

*Mais Prospéro en est encore à l'orgueil de sa magie, et ne va donc offrir à Ferdinand que la destinée la plus ordinaire, fût-ce sur le trône de Naples, puisqu'elle ne sera que ce mariage, emblématisé par la triste partie d'échecs, qui voue Miranda à l'obéissance et son mari au malheur de commander, presque pire. Ferdinand vaquera dans la société au bon ordre dont les spirituels s'imaginent qu'ils peuvent pour leur part tirer bénéfice, aux dépens de ces serviteurs. Il n'aura nul droit à l'Idée, mais sans pour autant pouvoir, en cette grisaille, se faire — pour son rapport à d'autres que soi — le Florizel qu'il serait devenu peut-être si Prospéro ne l'avait choisi pour réaliser ses fins propres. Ce n'est certes plus vers les «*yellow sands*» que Ferdinand pourra désormais s'aventurer. Bientôt il ne pourra même plus comme maintenant encore entendre la chanson qui les lui désigne.*

Et dès lors ne faut-il pas comprendre que par cette autre chanson d'Ariel Shakespeare, qui a, lui, le don de la sympathie, n'a pu s'empêcher de formuler — avec une émotion qui se fait grande poésie — ce qui aurait pu appeler, dans la vie de Ferdinand, ce qui pourrait appeler, dans toute vie, et sauver, si les mots parvenaient à se délivrer, tant soit peu, des empiègements de l'Intelligible ? S'ils se confiaient à leur musique toujours latente pour reconnaître de l'absolu non dans l'abeille, qui leur échappe, mais dans les actes simples qu'ils organisent pour l'exister quotidien d'êtres occupés à bâtir un monde. Un rêve encore, cette transmutation de la fini-

tude en lumière : celui même dont Shakespeare craignait que Le Conte d'hiver *ne s'y réduise. Mais un rêve qui est cette fois en avant de la vie et non pour y contredire ; et qu'il est difficile de ne pas former quand le « génie de l'air » qui l'exprime se présente sous l'aspect à la fois rieur et sérieux de l'adolescence.*

Cette apparence, cette jeunesse d'Ariel, cette vie qui semble si naturellement pour la terre, non pour le ciel, c'est évidemment une des questions latentes de La Tempête *; et une des grandes raisons de l'étonnement de Shakespeare devant la magie comme y crut longtemps Prospéro.*

Yves Bonnefoy

La Tempête

NAMES OF THE ACTORS

ALONSO, *King of Naples.*
SEBASTIAN, *His brother.*
PROSPERO, *The right Duke of Milan.*
ANTONIO, *his brother, the usurping Duke of Milan.*
FERDINAND, *son to the King of Naples.*
GONZALO, *an honest old councillor.*
ADRIAN *and* FRANCISCO, *lords.*
CALIBAN, *a salvage and deformed slave.*
TRINCULO, *a jester.*
STEPHANO, *a drunken butler.*
Master of a ship,
Boatswain,
Mariners.

MIRANDA, *daughter to* PROSPERO.

ARIEL, *an airy spirit.*

IRIS,
CERES,
JUNO, — *presented by spirits.*
NYMPHS,
REAPERS,

Other Spirits attending on PROSPERO.
The scene. — On board a ship at sea; afterwards an uninhabited island.

Le lieu de l'action, une île inhabitée

LES PERSONNAGES

ALONSO, roi de Naples.
SÉBASTIEN, son frère.
PROSPÉRO, le duc légitime de Milan.
ANTONIO, son frère, duc de Milan par usurpation.
FERDINAND, fils du roi de Naples.
GONZALO, honnête vieux conseiller.
ADRIEN et FRANCISCO, seigneurs.
CALIBAN, esclave sauvage et difforme.
TRINCULO, personnage bouffon.
STÉPHANO, sommelier ivrogne.
UN CAPITAINE DE NAVIRE.
UN MAÎTRE D'ÉQUIPAGE.
DES MATELOTS.

MIRANDA, fille de Prospéro.

ARIEL, un esprit de l'air.

IRIS
CÉRÈS
JUNON } des esprits.
DES NYMPHES
DES MOISSONNEURS

Les indications scéniques ont été réduites autant que possible à celles du Folio de 1623 — données entre guillemets.

ACT I

SCENE 1

On board a ship at sea.

A tempestuous noise of thunder and lightning heard. Enter a Shipmaster and a Boatswain.

MASTER

Boatswain!

BOATSWAIN

Here, master. What cheer?

MASTER

Good, speak to th' mariners! Fall to't — yarely, or we run ourselves aground! Bestir, bestir!

Exit. Enter Mariners.

BOATSWAIN

Heigh, my hearts! Cheerly, cheerly, my hearts! Yare, yare! Take in the topsail! Tend to th' mas-

ACTE I

SCÈNE 1

« Une tempête. Le fracas du tonnerre. Des éclairs. » La scène est à bord d'un navire. Entrent le capitaine et le maître d'équipage.

LE CAPITAINE

Maître !

LE MAÎTRE D'ÉQUIPAGE

Je suis là, capitaine. Où en est-on ?

LE CAPITAINE

Tu es là ? Alors, parle-leur, aux hommes. Qu'ils s'emploient, et à fond, sinon on s'échoue. Vite, fais vite !

Il sort. Entrent des matelots.

LE MAÎTRE D'ÉQUIPAGE

Ohé, mes petits cœurs ! Hardi, hardi, mes gars ! Du cran, des tripes ! Ramenez le hunier ! Faites gaffe

ter's whistle! Blow till thou burst thy wind, if room enough!

Enter Alonso, Sebastian, Antonio, Ferdinand, Gonzalo, and others.

ALONSO

Good boatswain, have care. Where's the master? Play the men.

BOATSWAIN

I pray now, keep below.

ANTONIO

Where is the master, bos'n?

BOATSWAIN

Do you not hear him? You mar our labour. Keep your cabins! You do assist the storm.

GONZALO

Nay, good, be patient.

BOATSWAIN

When the sea is. Hence! What cares these roarers for the name of king? To cabin! Silence! Trouble us not!

GONZALO

Good, yet remember whom thou hast aboard.

au sifflet du capitaine... Et toi, tempête, souffle à en crever, peu importe si nous avons la voie libre.

Entrent Alonso, Sébastien, Antonio, Ferdinand, Gonzalo et d'autres.

ALONSO

Ah, brave maître d'équipage, prends soin de nous ! Où est le capitaine ? Active tes hommes !

LE MAÎTRE D'ÉQUIPAGE

S'il vous plaît, ne restez pas sur le pont.

ANTONIO

Où est le capitaine, maître ?

LE MAÎTRE D'ÉQUIPAGE

Vous ne m'entendez pas, non ? Vous gênez la manœuvre. Restez dans vos cabines. Vous faites le jeu de la tempête, croyez-moi.

GONZALO

Allons, mon brave, de la patience !

LE MAÎTRE D'ÉQUIPAGE

Quand la mer en aura ! Tirez-vous d'ici ! Ces grandes gueules des vagues, ce n'est pas le nom du roi qui les fera taire. À vos cabines, et sans discuter. Ne nous encombrez pas davantage !

GONZALO

Rappelle-toi tout de même qui tu transportes, mon brave.

BOATSWAIN

None that I more love than myself. You are a Councillor. If you can command these elements to silence and work the peace of the present, we will not hand a rope more; use your authority. If you cannot, give thanks you have liv'd so long, and make yourself ready in your cabin for the mischance of the hour, if it so hap. — Cheerly, good hearts! — Out of our way, I say.

Exit.

GONZALO

I have great comfort from this fellow. Methinks he hath no drowning mark upon him; his complexion is perfect gallows. Stand fast, good Fate, to his hanging! Make the rope of his destiny our cable, for our own doth little advantage. If he be not born to be hang'd, our case is miserable.

Exeunt. Enter Boatswain.

BOATSWAIN

Down with the topmast! Yare! Lower, lower! Bring her to try with maincourse!

A cry within.

A plague upon this howling! They are louder than the weather or our office.

LE MAÎTRE D'ÉQUIPAGE

Personne que j'aime plus que moi-même ! Vous êtes un conseiller du roi ? Eh bien, si au nom du roi vous pouvez commander aux éléments de se taire, et qu'ils nous laissent en paix, nous ne toucherons plus à un filin. Prouvez donc votre autorité ; mais si vous ne le pouvez pas, remerciez le Ciel d'avoir vécu jusqu'à aujourd'hui, et préparez-vous dans votre cabine à affronter la malheure, si c'est ce qui doit nous arriver. (*aux matelots*) Du cœur, des tripes, les enfants ! (*aux courtisans*) Tirez-vous de nos jambes, je vous dis !

Il sort.

GONZALO

Ce gaillard me rassure. Car il me semble que rien ne le destine à la noyade, il a trop les dehors du parfait gibier de potence. Gentille Fatalité, n'en démords pas, de sa pendaison, et que cette corde qui me paraît son destin nous tire jusqu'à bon port, car notre fil à nous n'est pas très solide. S'il n'est pas né pour être pendu notre cas est désespéré.

Ils sortent. Rentre le maître d'équipage.

LE MAÎTRE D'ÉQUIPAGE

Amenez le mât de hune ! En vitesse ! Plus bas, plus bas ! À la cape avec la grande voile !

Un cri, à l'intérieur du bateau.

La peste de ces braillards ! Ils font plus de vacarme que la tempête et brouillent notre manœuvre.

Enter Sebastian, Antonio, and Gonzalo.

Yet again? What do you here? Shall we give o'er and drown? Have you a mind to sink?

SEBASTIAN

A pox o' your throat, you bawling, blasphemous, incharitable dog!

BOATSWAIN

Work you then.

ANTONIO

Hang, cur, hang, you whoreson, insolent noisemaker! We are less afraid to be drown'd than thou art.

GONZALO

I'll warrant him for drowning, though the ship were no stronger than a nutshell and as leaky as an unstanched wench.

BOATSWAIN

Lay her ahold, ahold! Set her two courses! Off to sea again! Lay her off!

Enter Mariners wet.

MARINERS

All lost! To prayers, to prayers! All lost!

Exeunt.

Entrent Sébastien, Antonio et Gonzalo.

Vous encore ? Qu'est-ce que vous faites ici ? Faut-il tout balancer et qu'on coule ? Avez-vous le goût d'aller par le fond ?

SÉBASTIEN

La peste t'étrangle, sale aboyeur, blasphémateur au cœur sec.

LE MAÎTRE D'ÉQUIPAGE

Bien, vous ferez le travail.

ANTONIO

On va te pendre, roquet, on va te pendre, toi et ta grande gueule, fils de putain ! Nous avons moins peur que toi de nous noyer.

GONZALO

Oh, je vous le garantis contre la noyade, le bateau ne serait-il qu'une coque de noix et ferait-il eau comme une fille en chaleur.

LE MAÎTRE D'ÉQUIPAGE

Serrez le vent, serrez-le ! Hissez les deux voiles, pour qu'on reprenne du large ! Virez au large !

Entrent des matelots, ruisselants d'eau de mer.

LES MATELOTS

On coule ! Faites vos prières ! Tout est perdu !

Ils sortent.

BOATSWAIN

What, must our mouths be cold?

GONZALO

The King and Prince at prayers! Let's assist them,
For our case is as theirs.

SEBASTIAN

I am out of patience.

ANTONIO

We are merely cheated of our lives by drunkards.
This wide-chopp'd rascal — would thou mightst lie drowning
The washing of ten tides!

GONZALO

He'll be hang'd yet,
Though every drop of water swear against it
And gape at wid'st to glut him.

A confused noise within :

'Mercy on us! —
We split, we split! — Farewell, my wife and children! —
Farewell, brother! — We split, we split, we split!'

Exit Boatswain.

ANTONIO

Let's all sink with th' King.

LE MAÎTRE D'ÉQUIPAGE

Nous ne mourrons pas la bouche froide.

GONZALO

Le roi et le prince prient, assistons-les.
Le même sort nous attend.

SÉBASTIEN

Je suis fou de colère.

ANTONIO

Oui, car nous sommes bel et bien
Dépossédés de nos vies par des ivrognes.
Ah, que ta bouche béante, canaille,
S'étouffe dix fois de suite sous la marée !

GONZALO

Et pourtant il sera pendu,
Dût chaque goutte d'eau jurer que non
Et bâiller comme un gouffre pour l'engloutir.

Des voix en bruit confus, sous le pont.

LES VOIX

Pitié de nous !
Nous coulons, nous coulons ! adieu, ma femme,
Adieu, mes enfants, mon frère !
Nous coulons, nous coulons, nous coulons !

ANTONIO

Allons faire naufrage avec notre roi.

SEBASTIAN

Let's take leave of him.

Exeunt Antonio and Sebastian.

GONZALO

Now would I give a thousand furlongs of sea for an acre of barren ground — long heath, brown furze, anything. The wills above be done! but I would fain die a dry death.

Exit.

SCENE 2

The island. Before Prospero's cell.
Enter Prospero and Miranda.

MIRANDA

If by your art, my dearest father, you have
Put the wild waters in this roar, allay them.
The sky, it seems, would pour down stinking pitch
But that the sea, mounting to th' welkin's cheek,
Dashes the fire out. O, I have suffered
With those that I saw suffer! a brave vessel
(Who had no doubt some noble creature in her)
Dash'd all to pieces! O, the cry did knock
Against my very heart! Poor souls, they perish'd!
Had I been any god of power, I would
Have sunk the sea within the earth or ere

SÉBASTIEN

Et prendre congé de lui.

Antonio et Sébastien descendent sous le pont.

GONZALO

C'est maintenant que je donnerais volontiers mille lieues d'océan pour un arpent de mauvaise terre : de la bruyère, des pins rouges, n'importe quoi ! la volonté du Ciel soit faite, mais j'aurais préféré mourir bien au sec.

SCÈNE 2

L'île ; devant la hutte de Prospéro.
Prospéro et Miranda.

MIRANDA

Si c'est vous, très cher père, si c'est votre art
Qui faites retentir dans l'eau furibonde
Cette immense clameur, apaisez-la !
On croirait que le Ciel ferait pleuvoir
Sa poix infecte sur nous, si les grandes vagues
N'escaladaient sa face dans les nuées
Pour en noyer le feu ! Ah, que j'ai souffert
Avec ceux que j'ai vu souffrir ! Ce hardi vaisseau
Qui portait sûrement quelque être noble,
Tout fracassé ! Ce cri, ce cri
Qui m'a frappée au cœur ! Pauvres âmes, péries !

It should the good ship so have swallow'd and
The fraughting souls within her.

PROSPERO

Be collected.
No more amazement. Tell your piteous heart
There's no harm done.

MIRANDA

O, woe the day!

PROSPERO

No harm.
I have done nothing but in care of thee,
Of thee my dear one, thee my daughter, who
Art ignorant of what thou art, naught knowing
Of whence I am; nor that I am more better
Than Prospero, master of a full poor cell,
And thy no greater father.

MIRANDA

More to know
Did never meddle with my thoughts.

PROSPERO

'Tis time
I should inform thee farther. Lend thy hand
And pluck my magic garment from me. So,

Eussé-je été un dieu de quelque puissance,
J'aurais fait que la mer s'abîmât sous terre
Avant qu'elle n'engouffre ce fier vaisseau
Et avec lui toute sa charge d'âmes !

PROSPÉRO

Calme-toi !
N'aie plus peur, ni étonnement. Dis à ton cœur
Miséricordieux que nul n'a souffert.

MIRANDA

Malheureux jour !

PROSPÉRO

Crois-moi, nul n'a souffert. Et je n'ai rien fait
Que pour toi et ton bien ; toi, ma très chère,
Toi ma fille, mais qui ne sais encore qui tu es
Ni d'où je viens ; et que je suis tout autre
Que Prospéro, le maître de cette misérable
Petite hutte ; et ton père, certes, mais rien de plus.

MIRANDA

L'idée d'en savoir davantage
N'a jamais troublé ma pensée !

PROSPÉRO

C'est pourtant le moment
Que je t'informe de beaucoup plus. Mais tout
d'abord
Ta main : aide-moi à quitter mon manteau
magique,
Oui, de cette façon.

Lays down his robe.

Lie there, my art. Wipe thou thine eyes; have comfort.
The direful spectacle of the wrack, which touch'd
The very virtue of compassion in thee,
I have with such provision in mine art
So safely ordered that there is no soul —
No, not so much perdition as an hair
Betid to any creature in the vessel
Which thou heard'st cry, which thou saw'st sink. Sit down;
For thou must now know farther.

MIRANDA

You have often
Begun to tell me what I am; but stopp'd
And left me to a bootless inquisition,
Concluding, 'Stay! Not yet.'

PROSPERO

The hour's now come;
The very minute bids thee ope thine ear.
Obey, and be attentive. Canst thou remember
A time before we came unto this cell?
I do not think thou canst, for then thou wast not
Out three years old.

MIRANDA

Certainly, sir, I can.

Il pose son manteau.

Mon art, repose ici.
Et toi, essuie tes yeux, console-toi,
Car l'horrible spectacle de ce naufrage
Qui éveilla ta compassion, si vertueuse,
Mon art, ma clairvoyance l'ont réglé
Si précautionneusement que pas une âme
N'en a pâti ; et que sur ce vaisseau
Où l'on criait si fort et que tu vis sombrer
Personne n'a perdu pas même un cheveu.
Assieds-toi, là.
Il faut que maintenant tu en saches plus.

MIRANDA

C'est bien souvent
Que vous avez commencé à me dire
Qui je suis ; mais vous vous arrêtez,
Me laissant à de vaines conjectures.
« Pas encore », décidez-vous, « restons-en là ».

PROSPÉRO

Voici l'heure venue.
Cette minute, celle-ci même, te demande
D'ouvrir grand tes oreilles. Tu es prête ?
Tu es bien attentive ?... Te souviens-tu
Du temps d'avant notre arrivée dans cette hutte ?
Je présume que non, tu n'avais pas trois ans.

MIRANDA

Mais si, monsieur, j'ai des souvenirs.

PROSPERO

By what? By any other house or person?
Of any thing the image tell me that
Hath kept with thy remembrance.

MIRANDA

'Tis far off,
And rather like a dream than an assurance
That my remembrance warrants. Had I not
Four or five women once that tended me?

PROSPERO

Thou hadst, and more, Miranda. But how is it
That this lives in thy mind? What seest thou else
In the dark backward and abysm of time?
If thou rememb'rest aught ere thou cam'st here,
How thou cam'st here thou mayst.

MIRANDA

But that I do not.

PROSPERO

Twelve year since, Miranda, twelve year since,
Thy father was the Duke of Milan and
A prince of power.

MIRANDA

Sir, are not you my father?

PROSPÉRO

De quoi ? D'une autre maison ? De quelqu'un ?
Dis-moi de quoi tu as gardé l'image
Dans ta mémoire, quoi que ce soit.

MIRANDA

C'est si loin.
C'est comme dans un rêve, bien plutôt
Que des figures distinctes. N'avais-je pas
Quatre femmes, peut-être cinq, pour me servir ?

PROSPÉRO

Mais si, et même davantage, Miranda.
Mais comment se peut-il
Que ces choses soient restées vives dans ton esprit ?
Et en perçois-tu d'autres dans les ombres
De l'abîme du temps qui a passé ?
Si ta mémoire garde quelque trace
De ce qui fut avant ta venue ici,
Tu peux te souvenir de celle-ci même.

MIRANDA

Non, de cela je ne me souviens pas.

PROSPÉRO

Il y a douze ans, Miranda, douze ans,
Ton père était encore duc de Milan,
C'est-à-dire un grand prince.

MIRANDA

N'êtes-vous pas mon père ?

PROSPERO

Thy mother was a piece of virtue, and
She said thou wast my daughter; and thy father
Was Duke of Milan; and his only heir
A princess — no worse issued.

MIRANDA

O the heavens!
What foul play had we that we came from thence?
Or blessed was't we did?

PROSPERO

Both, both, my girl!
By foul play, as thou say'st, were we heav'd thence,
But blessedly holp hither.

MIRANDA

O, my heart bleeds
To think o' th' teen that I have turn'd you to,
Which is from my remembrance! Please you, farther.

PROSPERO

My brother, and thy uncle, call'd Antonio —
I pray thee mark me — that a brother should
Be so perfidious! — he whom next thyself
Of all the world I lov'd, and to him put
The manage of my state, as at that time
Through all the signories it was the first,
And Prospero the prime duke, being so reputed
In dignity, and for the liberal arts

PROSPÉRO

Ta mère était la vertu même, et elle m'assura
Que tu étais ma fille ; mais c'est moi,
Ton père, qui étais le duc de Milan ;
Et toi, mon héritière, et bien la seule.
Tu en es donc princesse, rien de moins.

MIRANDA

Ciel,
Quel mauvais coup du sort nous en a chassés ?
Ou plutôt : quelle bénédiction nous a préservés ?

PROSPÉRO

Il y eut de l'un et de l'autre, mon enfant.
Le mauvais coup, comme tu dis, nous a fait partir,
Mais la bénédiction, ce fut cette île.

MIRANDA

Oh, mon cœur saigne
De penser au souci que j'ai dû vous être
Et que je ne sais plus ! Je vous en prie, ensuite ?

PROSPÉRO

Je continue : mon frère,
Autrement dit ton oncle, son nom, Antonio,
Ah, je t'en prie, écoute ! Peux-tu croire
Qu'un frère soit si perfide ? Lui que j'aimais
Après toi plus que tout au monde ! À qui j'avais
Confié la charge d'un État qui, à l'époque,
Était la seigneurie la plus puissante, Prospéro
Étant le tout premier d'entre les ducs

Without a parallel; those being all my study,
The government I cast upon my brother
And to my state grew stranger, being transported
And rapt in secret studies — thy false uncle —
Dost thou attend me?

MIRANDA

Sir, most heedfully.

PROSPERO

Being once perfected how to grant suits,
How to deny them, who t' advance, and who
To trash for over-topping, new-created
The creatures that were mine, I say, or chang'd 'em,
Or else new-form'd 'em; having both the key
Of officer and office, set all hearts i' th' state
To what tune pleas'd his ear, that now he was
The ivy which had hid my princely trunk
And suck'd my verdure out on't. Thou attend'st not!

MIRANDA

O, good sir. I do.

PROSPERO

I pray thee mark me.
I thus neglecting worldly ends, all dedicated
To closeness, and the bettering of my mind
With that which, but by being so retir'd,
O'er-priz'd all popular rate, in my false brother
Awak'd an evil nature, and my trust,

Pour la noblesse, autant que sans rival
Dans les arts libéraux. Certes, c'était ceux-ci
Mon unique pensée. Mon frère gouvernait,
Moi, requis, absorbé par les sciences occultes,
J'en étais devenu étranger aux affaires,
Et ton oncle, alors, ce félon… M'écoutes-tu ?

MIRANDA

Je suis tout oreille, messire.

PROSPÉRO

Ton oncle, quand un jour il fut passé maître
Dans l'art de satisfaire ou de rejeter les requêtes,
Favorisant un tel, empêchant tel autre
De se pousser trop haut, eh bien, il fit siens mes hommes,
Il les changea, il en fit d'autres êtres,
Il eut la clef du clerc comme du bureau,
Il fit de tous les cœurs, partout dans l'État,
Les cordes de sa musique, bref, il devint
Le lierre qui couvrit mon tronc princier,
Et en tarit la sève… Tu ne m'écoutes pas !

MIRANDA

Oh si, mon cher seigneur.

PROSPÉRO

Fais bien attention, je te prie !
Comme je négligeais les choses du monde,
Tout à cette retraite dont j'attendais
Le perfectionnement de mon esprit
Par cette science qui, d'être trop secrète,
Passe certes l'entendement des gens du commun,

Like a good parent, did beget of him
A falsehood in its contrary as great
As my trust was, which had indeed no limit,
A confidence sans bound. He being thus lorded,
Not only with what my revenue yielded
But what my power might else exact, like one
Who having unto truth, by telling of it,
Made such a sinner of his memory
To credit his own lie, he did believe
He was indeed the Duke, out o' th' substitution
And executing th' outward face of royalty
With all prerogative. Hence his ambition growing —
Dost thou hear?

MIRANDA

Your tale, sir, would cure deafness.

PROSPERO

To have no screen between this part he play'd
And him he play'd it for, he needs will be
Absolute Milan. Me (poor man) my library
Was dukedom large enough! Of temporal royalties
He thinks me now incapable; confederates
(So dry he was for sway) with th' King of Naples
To give him annual tribute, do him homage,
Subject his coronet to his crown, and bend
The dukedom yet unbow'd (alas, poor Milan!)
To most ignoble stooping.

J'éveillai dans mon frère, ce déloyal,
Sa mauvaise nature ; ma confiance même,
Comme celle d'un trop bon père, fit naître en lui
En sens inverse, une traîtrise égale
À cette foi qui n'avait pas de bornes,
Hélas, non, pas de bornes ! Et lui, le maître
Ainsi de tout, prérogatives, revenus,
Et qui mentait si bien qu'à force de mentir
Il corrompit sa mémoire elle-même
Qui l'assura qu'était vrai son mensonge,
Lui, donc, ne douta plus qu'il était le duc
Dont il avait les dehors, le pouvoir,
Et, ambitieusement, de plus en plus... M'entends-
tu bien ?

MIRANDA

Sire, votre récit guérirait les sourds.

PROSPÉRO

De plus en plus pensa que pour que ne reste
Aucun écart entre lui, l'acteur, et le rôle,
Il lui fallait être Milan lui-même,
Oui, tout à fait, pendant qu'à moi, pauvre homme,
Mes livres me suffiraient bien comme duché !
Et de toute façon j'étais devenu
Bien incapable, non ? d'exercer le pouvoir...
Le voici si avide de régner
Qu'il lie parti avec le roi de Naples.
Il lui promet un tribut, chaque année,
Et de lui rendre hommage, et d'assujettir
Sa petite couronne à celle d'un roi.
Il voue, pauvre Milan ! le duché encore invaincu
À la prosternation la plus humiliante.

MIRANDA

O the heavens!

PROSPERO

Mark his condition, and th' event; then tell me
If this might be a brother.

MIRANDA

I should sin
To think but nobly of my grandmother.
Good wombs have borne bad sons.

PROSPERO

Now the condition.
This King of Naples, being an enemy
To me inveterate, hearkens my brother's suit;
Which was, that he, in lieu o' th' premises,
Of homage and I know not how much tribute,
Should presently extirpate me and mine
Out of the dukedom and confer fair Milan,
With all the honours, on my brother. Whereon,
A treacherous army levied, one midnight
Fated to th' purpose, did Antonio open
The gates of Milan; and, i' th' dead of darkness,
The ministers for th' purpose hurried thence
Me and thy crying self.

MIRANDA

Alack, for pity!
I, not rememb'ring how I cried out then,

MIRANDA

Par le Ciel !

PROSPÉRO

Médite cet accord, et ses conséquences,
Et dis-moi si un homme de cette sorte
Peut se dire mon frère !

MIRANDA

Oh, ce serait pécher
Que de ne pas avoir confiance en ma grand-mère !
Des flancs vertueux ont engendré d'indignes fils.

PROSPÉRO

Oui, mais l'accord !
Écoute : le roi de Naples, mon ennemi
Invétéré, ne put que prêter l'oreille
À la requête de mon frère, qui demandait
Qu'en échange de l'allégeance et du tribut
Dont je ne sais le montant, il me privât,
Moi et ma descendance et sur-le-champ,
De tout droit au titre de duc ; et à lui, mon frère,
Remît Milan la belle et tous les honneurs.
Une troupe félonne est donc bientôt rassemblée
À laquelle, une nuit bien faite pour ce crime,
Antonio a ouvert, oui, a ouvert
Les portes de Milan. Et des hommes de main
Nous emportent en hâte dans les ténèbres,
Moi, et toi tout en pleurs.

MIRANDA

Miséricorde !
Je ne me souviens pas de mes larmes

Will cry it o'er again. It is a hint
That wrings mine eyes to't.

PROSPERO

Hear a little further,
And then I'll bring thee to the present business
Which now's upon 's; without the which this story
Were most impertinent.

MIRANDA

Wherefore did they not
That hour destroy us?

PROSPERO

Well demanded, wench.
My tale provokes that question. Dear, they durst
not,
So dear the love my people bore me; nor set
A mark so bloody on the business; but
With colours fairer painted their foul ends.
In few, they hurried us aboard a bark,
Bore us some leagues to sea; where they prepar'd
A rotten carcass of a butt, not rigg'd,
Nor tackle, sail, nor mast; the very rats
Instinctively have quit it. There they hoist us,
To cry to th' sea, that roar'd to us; to sigh
To th' winds, whose pity, sighing back again,
Did us but loving wrong.

Mais maintenant j'en verserais d'autres
Tant ces événements déchirent mes yeux !

PROSPÉRO

Écoute un peu encore,
Puis je t'avertirai des choses d'à présent,
Cet aujourd'hui sans lequel cette histoire
Serait hors de propos.

MIRANDA

Mais comment se fait-il
Qu'on ne nous ait pas tués, cette nuit-là ?

PROSPÉRO

Bonne question, ma fille. Mon récit
Y incite, c'est sûr. Ils n'osèrent pas, mon aimée,
Mon peuple m'aimait trop. Ils se gardèrent
De teindre leur méfait de sang, ils voulurent peindre
Un horrible projet de belles couleurs,
Bref, ils nous ont jetés dans une barque
Et conduits à des lieues au large, où attendait
Par leurs soins un rafiot, coque pourrie,
Sans voilure, sans mâts, et que les rats même
Avaient abandonnée, d'instinct. Là ils nous laissèrent
À pleurer dans la mer qui, en retour,
Nous hurlait ses clameurs ; à gémir dans les vents
Dont la pitié, c'était de gémir de même
Mais sans trop nous secouer, comme avec amour.

MIRANDA

Alack, what trouble
Was I then to you!

PROSPERO

O, a cherubin
Thou wast that did preserve me! Thou didst smile,
Infused with a fortitude from heaven,
When I have deck'd the sea with drops full salt,
Under my burthen groan'd; which rais'd in me
An undergoing stomach, to bear up
Against what should ensue.

MIRANDA

How came we ashore?

PROSPERO

By providence divine.
Some food we had, and some fresh water, that
A noble Neapolitan, Gonzalo,
Out of his charity, who being then appointed
Master of this design, did give us, with
Rich garments, linens, stuffs, and necessaries
Which since have steaded much. So, of his gentleness,
Knowing I lov'd my books, he furnish'd me
From mine own library with volumes that
I prize above my dukedom.

MIRANDA

Las, quelle gêne
Je dus être pour vous !

PROSPÉRO

Tu fus un ange,
C'est toi qui me sauvas. Tu souriais,
Forte d'une assurance venue des cieux,
Alors que moi j'agrémentais la mer
D'un supplément de sel avec les larmes
Que mon fardeau m'arrachait. C'est toi
Qui me mis cœur au ventre, qui me donnas
L'énergie d'affronter ce qui allait suivre.

MIRANDA

Comment nous sommes-nous retrouvés à terre ?

PROSPÉRO

Par le divin effet de la Providence…
Nous avions quelque nourriture, un peu d'eau douce,
Que Gonzalo, un noble napolitain
Qu'on avait désigné pour mener l'affaire,
Nous donna, par pitié, leur ajoutant même
De riches vêtements, du linge et d'autres choses
Bien utiles, et qui nous furent d'un grand secours.
Par gentillesse encore,
Et sachant à quel point j'aimais mes livres,
Il m'en fournit, de ma bibliothèque,
Certains, que je place plus haut que mon duché.

MIRANDA

Would I might
But ever see that man!

PROSPERO

Now I arise.
Sit still, and hear the last of our sea-sorrow.
Here in this island we arriv'd; and here
Have I, thy schoolmaster, made thee more profit
Than other princess can, that have more time
For vainer hours, and tutors not so careful.

MIRANDA

Heavens thank you for't! And now I pray you, sir, —
For still 'tis beating in my mind, — your reason
For raising this sea-storm?

PROSPERO

Know thus far forth.
By accident most strange, bountiful Fortune
(Now my dear lady) hath mine enemies
Brought to this shore; and by my prescience
I find my zenith doth depend upon
A most auspicious star, whose influence
If now I court not, but omit, my fortunes
Will ever after droop. Here cease more questions.
Thou art inclin'd to sleep. 'Tis a good dulness,
And give it way. I know thou canst not choose.

MIRANDA

Puissé-je un jour
Voir de mes yeux cet homme !

PROSPÉRO

Que je me mette debout, maintenant... Mais toi,
Reste assise, pour écouter
Comment prit fin l'épreuve de la mer.
Nous sommes arrivés ici, dans cette île. Et ici
Je t'ai, moi, ton maître d'école, enseigné plus
Que n'ont chance d'apprendre d'autres princesses
Qui ont plus d'occasions de perdre leur temps
Et des instituteurs de moins de zèle.

MIRANDA

Que le Ciel vous en récompense ! Mais, je vous prie,
Dites-moi, car j'en suis encore toute secouée,
Pourquoi vous avez provoqué cette tempête.

PROSPÉRO

Sache seulement, pour l'instant,
Que par un de ses coups, des plus étranges,
La Fortune, prodigue maintenant de ses faveurs,
Jette mes ennemis sur ce rivage ;
Et que cela, c'est au moment même
Où ma science prévoit que mon zénith
Est visité d'une certaine étoile, très propice,
Dont il faut que j'accueille le bon influx
Sans attendre : sinon ma destinée
Entrerait en déclin, et pour toujours.
Mais cesse maintenant de me questionner.
Tu as sommeil. Tu dois t'abandonner

Miranda sleeps.

Come away, servant, come ! I am ready now.
Approach, my Ariel. Come !

Enter Ariel.

ARIEL

All hail, great master ! Grave sir, hail ! I come
To answer thy best pleasure ; be't to fly,
To swim, to dive into the fire, to ride
On the curl'd clouds. To thy strong bidding task
Ariel and all his quality.

PROSPERO

Hast thou, spirit,
Perform'd to point the tempest that I bade thee ?

ARIEL

To every article.
I boarded the King's ship. Now on the beak,
Now in the waist, the deck, in every cabin,
I flam'd amazement. Sometime I'ld divide
And burn in many places ; on the topmast,
The yards, and boresprit would I flame distinctly,
Then meet and join. Jove's lightnings, the precursors
O' th' dreadful thunderclaps, more momentary
And sight-outrunning were not. The fire and cracks
Of sulphurous roaring the most mighty Neptune

À cette bonne torpeur, Miranda... Et d'ailleurs
Tu n'as pas d'autre choix...

Miranda s'endort.

Et toi, mon serviteur, viens, viens ici,
Je suis prêt maintenant, mon Ariel, accours !

Ariel entre.

ARIEL

Salut, maître, salut, mon grand, mon grave maître.
Je viens pour satisfaire à ton bon plaisir.
Faut-il voler, nager, plonger dans le feu,
Chevaucher les nuées aux longues crinières ?
Tu peux soumettre Ariel et tous ses pouvoirs
À tes ordres irrésistibles.

PROSPÉRO

Esprit de l'air, as-tu bien, point par point,
Suivi mes prescriptions pour ma tempête ?

ARIEL

Par le menu !
Je suis monté à bord du vaisseau du roi,
Puis, tantôt à la proue, tantôt sur le pont,
Tantôt sur la dunette ou dans les cabines,
J'ai fait courir ma flamme et la stupeur !
Quelquefois, je me divisais,
Je brûlais en nombre d'endroits. Sur le grand mât,
Aux vergues, au beaupré j'étais diverses flammes
Puis je me rassemblais. La foudre de Jupiter
Qui précède de peu l'effrayant tonnerre,
N'est pas plus prompte à devancer la vue.

Seem to besiege and make his bold waves tremble;
Yea, his dread trident shake.

PROSPERO

My brave spirit!
Who was so firm, so constant, that this coil
Would not infect his reason?

ARIEL

Not a soul
But felt a fever of the mad and play'd
Some tricks of desperation. All but mariners
Plung'd in the foaming brine and quit the vessel,
Then all afire with me. The King's son Ferdinand,
With hair up-staring (then like reeds, not hair),
Was the first man that leapt; cried 'Hell is empty,
And all the devils are here!'

PROSPERO

Why, that's my spirit!
But was not this nigh shore?

ARIEL

Close by, my master.

PROSPERO

But are they, Ariel, safe?

Ce feu, ces grondements du soufre, ces étincelles,
Ils semblaient assiéger l'omnipotent Neptune
Qui en tremblait de toutes ses vagues !
Ah, son terrible trident, tout secoué !

PROSPÉRO

Mon brave esprit !
Qui pouvait bien garder dans un tel tumulte
Sa fermeté, sa lucidité, sa raison ?

ARIEL

Pas une âme
Qui ne brûlât de la fièvre des fous
Et ne commît quelque acte de désespoir.
Tous, sauf les matelots, se sont jetés
Dans l'eau, qui bouillonnait pourtant, afin de fuir
Le bateau que j'incendiais. Le fils du roi,
Ferdinand, les cheveux tout raides sur sa tête,
Des roseaux, eût-on dit, pas des cheveux,
Le premier à sauter, criant : « L'enfer
Est vide de ses diables, ils sont tous ici ! »

PROSPÉRO

Voilà bien mon esprit !
Mais n'était-ce pas tout près de la côte ?

ARIEL

Tout près, mon maître.

PROSPÉRO

Et sont-ils saufs, Ariel ?

ARIEL

Not a hair perish'd.
On their sustaining garments not a blemish,
But fresher than before; and as thou bad'st me,
In troops I have dispers'd them 'bout the isle.
The King's son have I landed by himself,
Whom I left cooling of the air with sighs
In an odd angle of the isle, and sitting,
His arms in this sad knot.

PROSPERO

Of the King's ship
The mariners say how thou hast dispos'd,
And all the rest o' th' fleet.

ARIEL

Safely in harbour
Is the King's ship; in the deep nook where once
Thou call'dst me up at midnight to fetch dew
From the still-vex'd Bermoothes, there she's hid;
The mariners all under hatches stow'd,
Who, with a charm join'd to their suff'red labour,
I have left asleep; and for the rest o' th' fleet,
Which I dispers'd, they all have met again,
And are upon the Mediterranean flote
Bound sadly home for Naples,
Supposing that they saw the King's ship wrack'd
And his great person perish.

ARIEL

Pas un cheveu perdu,
Pas une tache à leurs vêtements
Qui les soutenaient sur l'eau !
Ils sont plus nets encore qu'auparavant.
Mais je les ai lâchés, comme tu voulais,
Par petits groupes, ici ou là dans l'île,
Tous, sauf le fils du roi, que j'ai transporté
Moi-même à terre, et laissé dans un coin perdu
À en rafraîchir l'air de ses soupirs.
Il est assis, les bras croisés, comme ceci...

PROSPÉRO

Et le vaisseau du roi, et l'équipage,
Et les autres navires, qu'en as-tu fait ?

ARIEL

En sécurité le vaisseau
Dans cette baie profonde, d'où une fois,
À minuit, tu m'as conjuré pour que je t'apporte,
Des Bermudes toujours agitées d'orages,
Quoi diable ? de la rosée ! Oui, il est là, caché.
Les matelots sont sous les écoutilles
À dormir, sous le poids de leur fatigue
Et aussi par l'effet d'un charme. Quant à l'escadre
Que j'avais dispersée, elle s'est rassemblée
Et sur la Méditerranée fait retour vers Naples
Bien tristement, car aucun n'y doute
D'avoir vu le vaisseau du roi faire naufrage,
Et périr avec lui son auguste personne.

PROSPERO

Ariel, thy charge
Exactly is perform'd; but there's more work.
What is the time o' th' day?

ARIEL

Past the mid season.

PROSPERO

At least two glasses. The time 'twixt six and now
Must by us both be spent most preciously.

ARIEL

Is there more toil? Since thou dost give me pains,
Let me remember thee what thou hast promis'd,
Which is not yet perform'd me.

PROSPERO

How now? moody?
What is't thou canst demand?

ARIEL

My liberty.

PROSPERO

Before the time be out? No more!

ARIEL

I prithee,
Remember I have done thee worthy service,
Told thee no lies, made no mistakings, serv'd
Without or grudge or grumblings. Thou didst promise
To bate me a full year.

PROSPÉRO

Ariel, ta mission,
Tu l'as parfaitement remplie. Mais il nous reste
Encore du travail. Quelle heure est-il ?

ARIEL

Midi passé.

PROSPÉRO

Oui, de deux heures au moins. Et d'ici à six heures
Ni toi ni moi n'avons un instant à perdre.

ARIEL

Peiner toujours ! Si tu veux tant de moi,
Supporte que je te rappelle ta promesse,
Tu ne l'as pas encore tenue.

PROSPÉRO

Allons donc ! De mauvaise humeur ?
Qu'est-ce donc que tu peux vouloir ?

ARIEL

Ma liberté !

PROSPÉRO

Avant le jour prévu ? Pas un mot de plus !

ARIEL

Je t'en supplie,
Rappelle-toi tous mes bons services.
Aucun mensonge jamais, aucune erreur,
Aucun murmure ni plainte. Tu me promis
De raccourcir d'une année mon servage.

PROSPERO

Dost thou forget
From what a torment I did free thee?

ARIEL

No.

PROSPERO

Thou dost; and think'st it much to tread the ooze
Of the salt deep,
To run upon the sharp wind of the North,
To do me business in the veins o' th' earth
When it is bak'd with frost.

ARIEL

I do not, sir.

PROSPERO

Thou liest, malignant thing! Hast thou forgot
The foul witch Sycorax, who with age and envy
Was grown into a hoop? Hast thou forgot her?

ARIEL

No, sir.

PROSPERO

Thou hast. Where was she born? Speak!
Tell me!

ARIEL

Sir, in Argier.

PROSPÉRO

Aurais-tu oublié
De quel tourment je t'ai délivré ?

ARIEL

Oh non !

PROSPÉRO

Oh si ! Puisque tu trouves pénible de patauger
Dans la vase du fond des gouffres amers,
Et d'enfourcher l'aigre bise du nord
Et de creuser pour moi des veines dans la terre
Quand le gel l'a durcie.

ARIEL

Mais non, messire.

PROSPÉRO

Tu mens, esprit mauvais ! As-tu donc oublié
L'abominable Sycorax ? La sorcière courbée
Comme un cerceau par l'âge et la malice ?
Dis, l'as-tu oubliée ?

ARIEL

Que non, messire.

PROSPÉRO

Tu l'as bien oubliée ! Allons,
Où était-elle née ? Redis-le-moi.

ARIEL

À Alger.

PROSPERO

O, was she so? I must
Once in a month recount what thou hast been,
Which thou forget'st. This damn'd witch Sycorax,
For mischiefs manifold, and sorceries terrible
To enter human hearing, from Argier
Thou know'st was banish'd. For one thing she did
They would not take her life. Is not this true?

ARIEL

Ay, sir.

PROSPERO

This blue-ey'd hag was hither brought with child
And here was left by th' sailors. Thou, my slave,
As thou report'st thyself, wast then her servant;
And, for thou wast a spirit too delicate
To act her earthy and abhorr'd commands,
Refusing her grand hests, she did confine thee,
By help of her more potent ministers,
And in her most unmitigable rage,
Into a cloven pine; within which rift
Imprison'd thou didst painfully remain
A dozen years; within which space she died
And left thee there; where thou didst vent thy groans
As fast as millwheels strike. Then was this island
(Save for the son that she did litter here,
A freckled whelp, hag-born) not honour'd with
A human shape.

PROSPÉRO

Ah donc, vraiment ? Une fois par mois
Je dois te rappeler ce que tu fus
Car tu l'oublies. Cette maudite sorcière, Sycorax,
Pour des méfaits sans nombre, des sortilèges
À vous glacer le sang, fut, cela tu le sais,
Bannie d'Alger. On n'avait pas voulu,
Eu égard à certaine chose qu'elle avait faite,
La faire exécuter. C'est bien vrai, n'est-ce pas ?

ARIEL

Oui, messire.

PROSPÉRO

D'où suit que la sorcière, les yeux cernés
Et l'enfant dans son ventre, fut amenée
Ici, par des marins qui l'y laissèrent.
Or toi, mon prétendu esclave, tu la servais,
Tu me l'as dit toi-même. Sauf que, trop délicat
Pour te prêter à ses fins détestables,
Tu éludais ses ordres les plus grossiers
Au point que sa colère bientôt sans bornes
Mobilisa la lie de ses suppôts
Pour te clouer dans la fente d'un pin
Où tu restas à souffrir, confiné,
Douze ans ! pendant lesquels elle mourut,
Te laissant là, qui gémissais plus fort
Que la roue des moulins ne frappe l'eau.
Cette île, à ce moment,
Hormis le fils qu'elle y avait mis bas,
Un petit fauve tacheté, sa belle engeance,
N'était plus honorée de présence humaine.

ARIEL

Yes, Caliban her son.

PROSPERO

Dull thing, I say so! he, that Caliban
Whom now I keep in service. Thou best know'st
What torment I did find thee in. Thy groans
Did make wolves howl and penetrate the breasts
Of ever-angry bears. It was a torment
To lay upon the damn'd, which Sycorax
Could not again undo. It was mine art,
When I arriv'd and heard thee, that made gape
The pine, and let thee out.

ARIEL

I thank thee, master.

PROSPERO

If thou more murmur'st, I will rend an oak
And peg thee in his knotty entrails till
Thou hast howl'd away twelve winters.

ARIEL

Pardon, master.
I will be correspondent to command
And do my spriting gently.

PROSPERO

Do so; and after two days
I will discharge thee.

ARIEL

Si, Caliban, son fils.

PROSPÉRO

Idiot ! Je viens de te le dire.
Oui, Caliban, que j'emploie ; et tu sais
Mieux que personne au sein de quelles affres
Je t'ai trouvé. Tes gémissements
Faisaient hurler les loups, ils touchaient le cœur
Toujours furieux des ours. Ce tourment de damné,
Il n'était plus de Sycorax pour le défaire ;
Et ce fut donc mon art,
Quand j'arrivai et t'entendis, qui fit s'ouvrir
Le pin, et te permit d'en échapper.

ARIEL

Je t'en remercie, mon maître.

PROSPÉRO

Fort bien, car si, à nouveau, tu regimbes,
Je fends un chêne
Et t'y cheville au plus noueux du tronc
Pour t'y laisser hurler pendant douze hivers.

ARIEL

Pardon, mon maître.
J'obéirai à tes commandements,
Je ferai gentiment mon métier d'esprit.

PROSPÉRO

Fais-le ; et dans deux jours je te libère.

ARIEL

That's my noble master!
What shall I do? Say what! What shall I do?

PROSPERO

Go make thyself like a nymph o' th' sea. Be subject
To no sight but thine and mine; invisible
To every eyeball else. Go take this shape
And hither come in't. Go! hence with diligence!

Exit Ariel.

Awake, dear heart, awake! Thou hast slept well.
Awake!

MIRANDA

The strangeness of your story put
Heaviness in me.

PROSPERO

Shake it off. Come on.
We'll visit Caliban, my slave, who never
Yields us kind answer.

MIRANDA

'Tis a villain, sir,
I do not love to look on.

PROSPERO

But as 'tis,
We cannot miss him. He does make our fire,
Fetch in our wood, and serves in offices

ARIEL

Mon noble maître ! Je te reconnais là !
Que dois-je faire ? Dis vite, que dois-je faire ?

PROSPÉRO

Prendre l'aspect d'une nymphe des mers,
Mais sans être visible à d'autres qu'à moi
Et à tes propres yeux ; rien qui puisse être
Objet dans un regard. Prends cette forme
Et reviens… Va, fais vite !

Sort Ariel.
(à Miranda)

Éveille-toi, éveille-toi, mon cœur,
Tu auras bien dormi ; éveille-toi !

MIRANDA

L'étrangeté de votre récit
M'a emplie d'une sorte de somnolence.

PROSPÉRO

Secoue cette torpeur. Tu m'accompagnes,
Nous allons voir Caliban, mon esclave
Qui ne nous fait jamais très bon accueil.

MIRANDA

Une brute, messire,
Je répugne à le regarder.

PROSPÉRO

Bien sûr, mais, tel qu'il est,
Nous ne pouvons nous en passer. C'est lui
Qui rentre notre bois, allume notre feu,

That profit us. What, ho! slave! Caliban!
Thou earth, thou! Speak!

CALIBAN, *within.*

There's wood enough within.

PROSPERO

Come forth, I say! There's other business for thee.
Come, thou tortoise! When?

Enter Ariel like a water nymph.

Fine apparition! My quaint Ariel,
Hark in thine ear.

ARIEL

My lord, it shall be done.

Exit.

PROSPERO

Thou poisonous slave, got by the devil himself
Upon thy wicked dam, come forth!

Enter Caliban.

CALIBAN

As wicked dew as e'er my mother brush'd
With raven's feather from unwholesome fen
Drop on you both! A south-west blow on ye
And blister you all o'er!

Vaque à bien des travaux qui nous sont utiles.
Ohé, l'esclave ! Holà, Caliban !
Vas-tu parler, grosse motte de terre ?

CALIBAN, *du dedans.*

J'ai rentré bien assez de bois !

PROSPÉRO

Montre-toi, je te dis.
Tu vas avoir autre chose à faire, tortue.
Tu te décides ?

Revient Ariel, en nymphe des eaux.

Gracieuse apparition ! Mon ingénieux Ariel,
Un mot, tout bas.

ARIEL

Seigneur, ce sera fait.

Sort Ariel.

PROSPÉRO

Et toi, poison d'esclave, que le diable lui-même
A conçu dans ta malfaisante mère, sors de là !

Entre Caliban.

CALIBAN

Malfaisante d'abord soit la rosée
Qui vous salisse tous deux ; la rosée la pire
Que ma mère ait jamais raclée avec sa plume
De corbeau dans un marécage infect ! Que le vent
des sables
Vous couvre de pustules par tout le corps !

PROSPERO

For this, be sure, to-night thou shalt have cramps,
Side-stitches that shall pen thy breath up; urchins
Shall, for that vast of night that they may work,
All exercise on thee; thou shalt be pinch'd
As thick as honeycomb, each pinch more stinging
Than bees that made 'em.

CALIBAN

I must eat my dinner.
This island's mine by Sycorax my mother,
Which thou tak'st from me. When thou camest first,
Thou strok'dst me and mad'st much of me; wouldst give me
Water with berries in't; and teach me how
To name the bigger light, and how the less,
That burn by day, and night; and then I lov'd thee
And show'd thee all the qualities o' th' isle,
The fresh springs, brine-pits, barren place and fertile.
Cursed be I that did so! All the charms
Of Sycorax — toads, beetles, bats light on you!
For I am all the subjects that you have,
Which first was mine own king; and here you sty me
In this hard rock, whiles you do keep from me
The rest o' th' island.

PROSPÉRO

Pour ces paroles
Tu auras cette nuit des crampes, n'en doute pas,
Et des points de côté à t'en couper le souffle.
Des hérissons de fées, dès l'heure permise,
C'est-à-dire à la nuit, qui n'en finira plus,
S'exerceront sur toi. Ils te cribleront
D'autant de trous qu'en ont les rayons de miel
Mais par de pires dards que ceux des abeilles.

CALIBAN

Je dois d'abord dîner. Cette île que tu m'as prise
Était à moi de par Sycorax, ma mère.
Et à mon arrivée, tu m'as flatté,
Tu faisais cas de moi, tu me donnais
De l'eau avec des baies dedans, tu m'enseignais
Le nom de la grande lumière et de l'autre, moindre,
Qui brûlent le jour, la nuit. Et moi, je t'aimais,
Je te montrais les ressources de l'île,
Les sources fraîches, les places d'eau salée,
Les terres grasses et les stériles. Ah, que maudit
Je sois, de l'avoir fait ! Que tous les charmes
De Sycorax, ses crapauds, ses cafards, ses chauves-souris,
Pleuvent sur vous comme la foudre ! Car me voici
À moi seul votre peuple, moi qui auparavant
Étais mon propre roi ; et de ce roc dur
Vous avez fait ma bauge, gardant pour vous
Tout le reste de l'île !

PROSPERO

Thou most lying slave,
Whom stripes may move, not kindness! I have us'd thee,
(Filth as thou art) with humane care, and lodg'd thee
In mine own cell till thou didst seek to violate
The honour of my child.

CALIBAN

O ho, O ho! Would 't had been done!
Thou didst prevent me; I had peopled else
This isle with Calibans.

PROSPERO

Abhorred slave,
Which any print of goodness wilt not take,
Being capable of all ill! I pitied thee,
Took pains to make thee speak, taught thee each hour
One thing or other. When thou didst not, savage,
Know thine own meaning, but wouldst gabble like
A thing most brutish, I endow'd thy purposes
With words that made them known. But thy vile race,
Though thou didst learn, had that in't which good natures
Could not abide to be with. Therefore wast thou
Deservedly confin'd into this rock, who hadst
Deserv'd more than a prison.

PROSPÉRO

Aussi menteur que fait pour être esclave !
C'est le fouet qui t'émeut, non la bonté.
Tout fumier que tu sois, je t'avais traité
Avec humanité, d'abord. Je t'ai logé
Dans ma hutte. Mais vint le jour
Où tu voulus violer, déshonorer ma fille.

CALIBAN

Ah ça, oui ! Quel dommage
Que tu m'en aies empêché !
J'aurais peuplé cette île de Calibans.

PROSPÉRO

Esclave détesté,
Réfractaire à tout bien, capable du pire,
J'avais pitié de toi, je me donnais
Beaucoup de mal pour t'apprendre à parler,
À tout instant du jour je t'enseignais
Une chose ou une autre. Tu ne savais,
Sauvage que tu étais, pas même
Ce que tu voulais dire, tu balbutiais
Comme une sorte de bête, et tes besoins,
Je te donnais des mots pour les faire entendre.
Mais, bien que tu aies su apprendre, c'est un fait,
Il reste que ta race est vile, avec des instincts
Dont doivent se garder les bonnes natures,
Et c'est pour cela même, et à bon droit,
Que tu fus confiné dans ce rocher.
Tu méritais bien pire qu'une prison !

CALIBAN

You taught me language, and my profit on't
Is, I know how to curse. The red plague rid you
For learning me your language!

PROSPERO

Hag-seed, hence!
Fetch us in fuel; and be quick, thou'rt best,
To answer other business. Shrug'st thou, malice?
If thou neglect'st or dost unwillingly
What I command, I'll rack thee with old cramps,
Fill all thy bones with achës, make thee roar
That beasts shall tremble at thy din.

CALIBAN

No, pray thee.
(aside) I must obey. His art is of such pow'r
It would control my dam's god, Setebos,
And make a vassal of him.

PROSPERO

So, slave; hence!

Exit Caliban.
Enter Ferdinand; and Ariel (invisible) playing and singing.

ARIEL'S SONG.

Come unto these yellow sands,
And then take hands.

CALIBAN

Vous m'avez appris le langage ; et tout le profit
Que j'en ai eu, c'est de savoir maudire.
La peste rouge vous emporte pour m'avoir enseigné
vos mots !

PROSPÉRO

Décampe, semence de sorcière !
Va nous chercher du bois, et assez vite
Pour être bientôt prêt pour une autre tâche…
Tu rechignes, démon ?
Que je te voie traîner ou de mauvais gré
Faire ce que j'ordonne, et je t'emplis
Des crampes des vieillards jusqu'au fond des os.
Tu hurleras de douleur, et les bêtes
Trembleront de t'entendre.

CALIBAN

Non ! Je t'en prie !
(*à part*) Je dois lui obéir. Son art est si puissant
Que du dieu de ma mère, Sétébos même,
Il ferait son vassal.

PROSPÉRO

Cela suffit, esclave. Tu disparais !

Sort Caliban.

Ariel revient, « invisible, jouant et chantant ». Ferdinand suit.

ARIEL

Venez sur ces sables clairs,
Donnez-vous la main.

Curtsied when you have and kiss'd,
The wild waves whist.

Foot it featly here and there;
And, sweet sprites, the burthen bear.
Hark, hark!

BURTHEN, *dispersedly.*

Bowgh, wawgh!

ARIEL

The watchdogs bark.

BURTHEN, *dispersedly.*

Bowgh, wawgh.

ARIEL

Hark, hark! I hear
The strain of strutting chanticleer.

CRY

Cock-a-diddle-dowe.

FERDINAND

Where should this music be? I' th' air, or th' earth?
It sounds no more; and sure it waits upon
Some god o' th' island. Sitting on a bank,
Weeping again the King my father's wrack,
This music crept by me upon the waters,
Allaying both their fury and my passion

Une révérence, un baiser,
Et la mer en est calmée.

Un pied là, un pied ici,
Légèrement, en cadence,
Que de ces espiègles esprits
Votre refrain soit la danse !

Écoutez, écoutez bien !

DES VOIX, *chantant le refrain mais de façon discordante.*

Waou, waou.

ARIEL

C'est l'aboi des chiens de garde.

LES VOIX

Waou, waou.

ARIEL

Écoutez ! J'entends Chantecler.
Chante-t-il ? Fait-il le fier ?

UNE VOIX

Cocorico !

FERDINAND

D'où vient cette musique ? De la terre, de l'air ?
Elle a cessé... Pour sûr, c'est le cortège
De quelque dieu de l'île. Quand je pleurais,
Assis sur ce rocher, mon père, son naufrage,
Elle a glissé vers moi tout contre les vagues
Et a calmé de ses douces cadences

With its sweet air. Thence I have follow'd it,
Or it hath drawn me rather; but 'tis gone.
No, it begins again.

ARIEL'S SONG.

Full fadom five thy father lies;
  Of his bones are coral made;
Those are pearls that were his eyes;
  Nothing of him that doth fade
But doth suffer a sea-change
Into something rich and strange.
Sea nymphs hourly ring his knell:

BURTHEN

Ding-dong.

Hark! now I hear them — Ding-dong bell.

FERDINAND

The ditty does remember my drown'd father.
This is no mortal business, nor no sound
That the earth owes. I hear it now above me.

PROSPERO

The fringed curtains of thine eye advance
And say what thou seest yond.

Et leur fureur et ma peine. Je l'ai suivie,
Non, elle m'a conduit… A-t-elle pris fin ?
Non, elle recommence.

ARIEL, *chantant.*

Par cinq brasses de fond
    Repose ton père.
Ses os, ce sont le corail,
    Ce que furent ses yeux, les perles.
Rien en lui de périssable
    Que des mers ne change le sable
En du riche et de l'étrange,
    Et les nymphes de l'onde amère
Sonnent son glas d'heure en heure.

LES VOIX, *pour le refrain.*

Ding, dong.

ARIEL

Ah ! Je les entends cette fois !
Ding dong… ding dong deure.

FERDINAND

Cette chanson
Me parle de mon père qui s'est noyé,
Mais je n'y entends pas la voix humaine,
Ni même un son terrestre. Ah, maintenant,
Elle vient d'au-dessus de moi !

PROSPÉRO

Soulève ce rideau à franges, tes paupières,
Et dis-moi ce que tu vois, là devant toi.

MIRANDA

What is't? a spirit?
Lord, how it looks about! Believe me, sir,
It carries a brave form. But 'tis a spirit.

PROSPERO

No, wench. It eats, and sleeps, and hath such senses
As we have, such. This gallant which thou seest
Was in the wrack; and, but he's something stain'd
With grief (that's beauty's canker), thou mightst call him
A goodly person. He hath lost his fellows
And strays about to find 'em.

MIRANDA

I might call him
A thing divine; for nothing natural
I ever saw so noble.

PROSPERO, *aside.*

It goes on, I see,
As my soul prompts it. Spirit, fine spirit! I'll free thee
Within two days for this.

FERDINAND

Most sure, the goddess
On whom these airs attend! Vouchsafe my pray'r
May know if you remain upon this island,
And that you will some good instruction give
How I may bear me here. My prime request,

MIRANDA

Oh, qu'est-ce là ? Un esprit ? Mon père,
Voyez comme il regarde, de tous côtés !
Sire, comme il est beau !... Mais c'est un esprit.

PROSPÉRO

Nullement, ma fille ! Cet être-là mange, dort
Comme nous, et il a les mêmes sens, oui, les mêmes...
Miranda, le fier garçon que tu vois
Était dans le naufrage ; et s'il n'était un peu
Marqué par le chagrin, ce chancre de la beauté,
Tu pourrais certes le dire un bien beau jeune homme.
Il a perdu les siens, il erre à leur recherche.

MIRANDA

Moi, je le dirais bien
Une présence divine ; car rien de la nature
Ne m'a jamais paru d'autant de noblesse !

PROSPÉRO, *à part.*

Je le vois, tout se passe
Comme en mon âme je le désire... Esprit, mon bel esprit,
Bravo, tu seras libre dans deux jours.

FERDINAND

Ah, sûrement, voici
La déesse qu'escorte cette musique !
Exaucez ma prière, madame, puis-je savoir
Si vous vivez sur cette île ? Puis-je vous demander
Comment il faut ici que je me conduise ?

Which I do last pronounce, is (O you wonder!)
If you be maid or no?

MIRANDA

No wonder, sir,
But certainly a maid.

FERDINAND

My language? Heavens!
I am the best of them that speak this speech,
Were I but where 'tis spoken.

PROSPERO

How? the best?
What wert thou if the King of Naples heard thee?

FERDINAND

A single thing, as I am now, that wonders
To hear thee speak of Naples. He does hear me;
And that he does I weep. Myself am Naples,
Who with mine eyes, never since at ebb, beheld
The King my father wrack'd.

MIRANDA

Alack, for mercy!

FERDINAND

Yes, faith, and all his lords, the Duke of Milan
And his brave son being twain.

Mais ma grande question,
Bien que je la formule la dernière,
C'est, ô merveille, merveille que vous êtes,
Êtes-vous jeune fille, ou femme mariée ?

MIRANDA

Merveille, non, monsieur,
Mais jeune fille, certainement.

FERDINAND

Ma propre langue, Ciel !
Moi qui suis le premier d'entre ceux qui la parlent,
Si du moins j'étais parmi eux !

PROSPÉRO

Que dis-tu ? Le premier ?
Soutiendrais-tu cela devant le roi de Naples ?

FERDINAND

Je ne ferais qu'un avec lui, moi qui m'émerveille
De t'entendre parler de Naples...
Le roi m'entend, d'ailleurs,
Et qu'il le puisse, j'en pleure. Naples, c'est moi,
Maintenant que mes yeux depuis lors en larmes
Ont vu faire naufrage le roi mon père.

MIRANDA

Miséricorde !

FERDINAND

Croyez-moi ! Son naufrage ! Et avec tous les siens,
Dont le duc de Milan et son noble fils.

PROSPERO, *aside.*

The Duke of Milan
And his more braver daughter could control thee,
If now 'twere fit to do't. At the first sight
They have chang'd eyes. Delicate Ariel,
I'll set thee free for this ! — A word, good sir.
I fear you have done yourself some wrong. A word !

MIRANDA

Why speaks my father so ungently ? This
Is the third man that e'er I saw ; the first
That e'er I sigh'd for. Pity move my father
To be inclin'd my way !

FERDINAND

O, if a virgin,
And your affection not gone forth, I'll make you
The Queen of Naples.

PROSPERO

Soft, sir ! one word more.
(aside) They are both in either's pow'rs. But this swift business
I must uneasy make, lest too light winning
Make the prize light. — One word more ! I charge thee
That thou attend me. Thou dost here usurp
The name thou ow'st not, and hast put thyself
Upon this island as a spy, to win it
From me, the lord on't.

PROSPÉRO, *à part.*

Le vrai duc de Milan
Et sa fille plus noble encore pourraient bien
Te démentir, s'il était à propos… Au premier regard,
Comme leurs yeux se mêlent ! Subtil Ariel,
Pour cela, tu vas être libre. *(à Ferdinand)* Un mot,
Monsieur, une simple remarque. Je crains fort
Que vous vous soyez mis dans un mauvais cas.

MIRANDA

Pourquoi mon père lui parle-t-il si durement ?
C'est là le troisième homme que j'aie vu
Et le premier pour qui mon cœur s'émeuve.
Puisse la compassion lui gagner mon père
Autant que moi !

FERDINAND

Ah, si vous êtes une jeune fille,
Et n'avez pas encore engagé votre cœur,
Je vous fais reine de Naples !

PROSPÉRO

Tout doux, monsieur. Car ceci, d'abord.
(à part) Prisonniers l'un de l'autre ! Toutefois
Cela se fait trop vite, il faut les refréner,
Conquête trop facile n'a pas grand prix.
(à Ferdinand) Oui, ceci, que j'exige que tu écoutes :
Tu usurpes
Un titre que tu n'as pas. Tu es venu
Dans cette île en espion, pour me la prendre,
À moi qui en suis le maître.

FERDINAND

No, as I am a man!

MIRANDA

There's nothing ill can dwell in such a temple.
If the ill spirit have so fair a house,
Good things will strive to dwell with't.

PROSPERO

Follow me. —
Speak not you for him; he's a traitor. — Come!
I'll manacle thy neck and feet together;
Sea water shalt thou drink; thy food shall be
The fresh-brook mussels, wither'd roots, and husks
Wherein the acorn cradled. Follow.

FERDINAND

No.
I will resist such entertainment till
Mine enemy has more power.

He draws, and is charmed from moving.

MIRANDA

O dear father,
Make not too rash a trial of him, for
He's gentle, and not fearful.

FERDINAND

Certes non,
Aussi vrai que je suis un homme !

MIRANDA

Rien de mauvais n'est concevable en si beau temple !
Si le démon avait telle demeure
Les vertus se battraient pour y trouver place !

PROSPÉRO, *à Ferdinand.*

Suis-moi.
(à Miranda) Et toi, ne le défends pas : c'est un traître.
(à Ferdinand) Par ici !
Je vais enchaîner tes pieds à ton cou.
Tu boiras l'eau salée. Tu te nourriras
De moules des ruisseaux, de vieilles racines,
De cupules de gland où le gland n'est plus.
Suis-moi.

FERDINAND

Nullement ! Je ne supporterai pas
D'être traité de cette façon. Il faudra
Que mon ennemi me l'impose.

Il dégaine, mais un charme l'immobilise.

MIRANDA

Oh, mon cher père,
Ne lui imposez pas trop rude épreuve !
Il est noble, il est courageux.

PROSPERO

What, I say,
My foot my tutor? — Put thy sword up, traitor!
Who mak'st a show but dar'st not strike, thy conscience
Is so possess'd with guilt. Come, from thy ward!
For I can here disarm thee with this stick
And make thy weapon drop.

MIRANDA

Beseech you, father!

PROSPERO

Hence! Hang not on my garments.

MIRANDA

Sir, have pity.
I'll be his surety.

PROSPERO

Silence! One word more
Shall make me chide thee, if not hate thee. What,
An advocate for an impostor? Hush!
Thou think'st there is no more such shapes as he,
Having seen but him and Caliban. Foolish wench!
To th' most of men this is a Caliban,
And they to him are angels.

MIRANDA

My affections
Are then most humble. I have no ambition
To see a goodlier man.

PROSPÉRO

Eh quoi ?
Le pied qui se rebelle contre la tête ? Traître,
Rengaine ton épée. Tu fais le matamore
Mais n'oses pas frapper, tant tu te sais,
En ton for intérieur, coupable. Baisse ta garde,
Rien qu'avec ce bâton il m'est facile
De faire choir ton épée.

MIRANDA

Mon père, je vous en prie !

PROSPÉRO

Laisse-moi. Lâche mon vêtement !

MIRANDA

Ayez pitié, messire,
Je serai sa caution.

PROSPÉRO

Tais-toi ! Un mot de plus
Et je me fâche, ou je te prends en haine. Toi,
Te faire l'avocat de cet imposteur ! Du calme !
Tu penses qu'il est seul de ce bel aspect
Parce que tu n'as vu que lui et Caliban.
Mais auprès de bien d'autres, ma nigaude,
Ce serait lui le Caliban et eux les anges.

MIRANDA

Mon cœur est donc bien humble,
Je ne désire pas voir plus beau jeune homme.

PROSPERO

Come on, obey!
Thy nerves are in their infancy again
And have no vigour in them.

FERDINAND

So they are.
My spirits, as in a dream, are all bound up.
My father's loss, the weakness which I feel,
The wrack of ail my friends, nor this man's threats
To whom I am subdu'd, are but light to me,
Might I but through my prison once a day
Behold this maid. All corners else o' th' earth
Let liberty make use of. Space enough
Have I in such a prison.

PROSPERO, *aside.*

It works. *(to Ferdinand)* Come on. —
Thou hast done well, fine Ariel! *(to Ferdinand)*
Follow me. —
(to Ariel) Hark what thou else shalt do me.

MIRANDA

Be of comfort.
My father's of a better nature, sir,
Than he appears by speech. This is unwonted
Which now came from him.

PROSPERO

Thou shalt be as free
As mountain winds; but then exactly do
All points of my command.

PROSPÉRO, *à Ferdinand.*

Tu viens, tu m'obéis,
Tes muscles et tes nerfs n'ont plus de force,
Te voici à nouveau en petite enfance.

FERDINAND

C'est vrai. Paralysés
Sont mes esprits, comme il advient en rêve…
La perte de mon père, la faiblesse
Que je ressens, le naufrage de tous mes proches,
Et même les menaces de cet homme
Dont je suis la victime, rien ne me pèse
Tant j'espère que de ma geôle, une fois par jour,
Je pourrai voir cette jeune fille… La liberté,
Qu'elle règne sur tout le reste de la terre !
Moi, j'ai assez de place en telle prison.

PROSPÉRO

Tout va bien ! *(à Ferdinand)* Allons !
(à Ariel) Du bon travail, mon bel Ariel ! *(à Ferdinand)* Suis-moi !
(à Ariel) Écoute ce qu'encore j'attends de toi.

MIRANDA

Prenez courage, messire !
Mon père est bien meilleur que ses paroles
Ne le laissent paraître. Il n'a pas l'habitude
D'agir de cette façon.

PROSPÉRO, *à Ariel.*

Tu seras aussi libre
Que vent sur la montagne. Mais d'abord
Exécute mes ordres point par point.

ARIEL

To th' syllable.

PROSPERO

Come, follow. — Speak not for him.

Exeunt.

ARIEL

Même lettre par lettre.

PROSPÉRO

(à Ferdinand) Suivez-moi. *(à Miranda)* Plus un mot pour lui.

Ils sortent.

ACT II

SCENE 1

Another part of the island.
Enter Alonso, Sebastian, Antonio, Gonzalo, Adrian, Francisco, and others.

GONZALO

Beseech you, sir, be merry. You have cause
(So have we all) of joy; for our escape
Is much beyond our loss. Our hint of woe
Is common. Every day some sailor's wife,
The master of some merchant, and the merchant,
Have just our theme of woe; but for the miracle,
I mean our preservation, few in millions
Can speak like us. Then wisely, good sir, weigh
Our sorrow with our comfort.

ACTE II

SCÈNE 1

Une autre partie de l'île.

Entrent Alonso, Sébastien, Antonio, Gonzalo, Adrien, Francisco et d'autres.

GONZALO

De grâce, sire, un peu de gaieté !
Vous avez tant de bonnes raisons d'être joyeux,
Et nous aussi : notre vie est sauve,
Ce qui compte infiniment plus que nos biens perdus.
Banale, notre malchance ! Chaque jour,
Une femme de matelot, un armateur, un marchand
Ont la même raison de s'affliger.
Mais le miracle qu'a été notre survie,
Il en est peu qui puissent s'en vanter
Sur des millions. Alors, soyez raisonnable,
Mon cher seigneur, mettez en balance
Les causes de chagrin et de réconfort.

ALONSO

Prithee peace.

SEBASTIAN

He receives comfort like cold porridge.

ANTONIO

The visitor will not give him o'er so.

SEBASTIAN

Look, he's winding up the watch of his wit; by-and-by it will strike.

GONZALO

Sir —

SEBASTIAN

One. Tell.

GONZALO

When every grief is entertain'd that's offer'd,
Comes to th' entertainer —

SEBASTIAN

A dollar.

GONZALO

Dolour comes to him, indeed. You have spoken truer than you purpos'd.

ALONSO

Paix, laisse-moi.

SÉBASTIEN, *à Antonio.*

Le réconfort, pour lui : une soupe froide.

ANTONIO, *à Sébastien.*

Mais le réconforteur, sûr qu'il va bientôt en remettre, de sa soupe.

SÉBASTIEN, *à Antonio.*

Regarde-le remonter le ressort de ses méninges. La pendule va sonner.

GONZALO

Monsieur…

SÉBASTIEN, *à Antonio.*

Le premier coup ! Comptons.

GONZALO

S'il fallait faire un sort à chaque raison
Qu'on a de s'affliger, qu'y gagnerait-on ?

SÉBASTIEN, *à voix haute.*

Des dollars.

GONZALO

Des douleurs, ah oui. Vous avez dit plus vrai que vous ne pensiez.

SEBASTIAN

You have taken it wiselier than I meant you should.

GONZALO

Therefore, my lord —

ANTONIO

Fie, what a spendthrift is he of his tongue!

ALONSO

I prithee spare.

GONZALO

Well, I have done. But yet —

SEBASTIAN

He will be talking.

ANTONIO

Which, of he or Adrian, for a good wager, first begins to crow?

SEBASTIAN

The old cock.

ANTONIO

The cock'rel.

SEBASTIAN

Done! The wager?

SÉBASTIEN

Vous l'avez pris plus judicieusement que je ne vous en estimais capable.

GONZALO

Aussi bien, monseigneur…

ANTONIO, *à part.*

Pouah, comme il est prodigue de sa langue !

ALONSO

Épargne-moi, je t'en prie.

GONZALO

Certes, j'en ai fini. Toutefois…

SÉBASTIEN, *à part.*

Ce qu'il jacasse !

ANTONIO, *à part.*

De lui ou d'Adrien, qui va pousser le premier cocorico ? Je fais une forte mise.

SÉBASTIEN

Le vieux coq.

ANTONIO

Le petit coq.

SÉBASTIEN

D'accord. L'enjeu ?

ANTONIO

A laughter.

SEBASTIAN

A match!

ADRIAN

Though this island seem to be desert —

ANTONIO

Ha, ha, ha!

SEBASTIAN

So, you're paid.

ADRIAN

Uninhabitable and almost inaccessible —

SEBASTIAN

Yet —

ADRIAN

Yet —

ANTONIO

He could not miss't.

ADRIAN

It must needs be of subtle, tender, and delicate temperance.

ANTONIO

Un éclat de rire.

SÉBASTIEN

Tope là !

ADRIEN

Encore que cette île semble déserte…

ANTONIO

Ah ah ah !

SÉBASTIEN

Soit ! vous voici payé.

ADRIEN

… Inhabitable et presque inaccessible…

SÉBASTIEN, *à part.*

Néanmoins…

ADRIEN

Néanmoins…

ANTONIO

Il ne pouvait pas rater ça !

ADRIEN

L'atmosphère n'en saurait être que délicate : toute grâce, toute clémence.

ANTONIO

Temperance was a delicate wench.

SEBASTIAN

Ay, and a subtle, as he most learnedly deliver'd.

ADRIAN

The air breathes upon us here most sweetly.

SEBASTIAN

As if it had lungs, and rotten ones.

ANTONIO

Or as 'twere perfum'd by a fen.

GONZALO

Here is everything advantageous to life.

ANTONIO

True; save means to live.

SEBASTIAN

Of that there's none, or little.

GONZALO

How lush and lusty the grass looks! how green!

ANTONIO

The ground indeed is tawny.

ANTONIO

Fille fort délicate, cette Clémence !

SÉBASTIEN

Oui, et bien grasse, comme il nous l'enseigne si doctement.

ADRIEN

L'air ici, c'est un souffle, d'une douceur !...

SÉBASTIEN

Comme s'il avait des poumons ! Mais bien pourris !

ANTONIO

Ou s'était parfumé à un marécage !

GONZALO

On trouve ici tout ce qu'il faut à la vie.

ANTONIO

Tout, sauf les moyens de la préserver.

SÉBASTIEN

De ceux-là, en effet, je n'en vois pas l'ombre.

GONZALO

Voyez cette herbe si grasse, si foisonnante ! Ah, que c'est vert !

ANTONIO

Mais le sol en dessous, ah, que c'est noirâtre !

SEBASTIAN

With an eye of green in't.

ANTONIO

He misses not much.

SEBASTIAN

No; he doth but mistake the truth totally.

GONZALO

But the rarity of it is — which is indeed almost beyond credit —

SEBASTIAN

As many vouch'd rarities are.

GONZALO

That our garments, being, as they were, drench'd in the sea, hold, notwithstanding, their freshness and gloss, being rather new-dy'd than stain'd with salt water.

ANTONIO

If but one of his pockets could speak, would it not say he lies?

SEBASTIAN

Ay, or very falsely pocket up his report.

SÉBASTIEN

Avec une touche de vert.

ANTONIO

Lui ? Drôle de touche, en effet ! Mais vert ! Il n'a pas si tort.

SÉBASTIEN

Non, sauf qu'il se trompe du tout au tout.

GONZALO

Mais le plus extraordinaire, en vérité, l'incroyable…

SÉBASTIEN

Comme tant d'extraordinaire qu'on vous assure croyable.

GONZALO

… C'est que nos vêtements qui ont trempé dans la mer ont gardé pourtant toute leur fraîcheur, tout leur éclat. On dirait que l'eau salée les a teints à neuf plutôt que salis.

ANTONIO

Si seulement une certaine de ses poches pouvait parler, ne dirait-elle pas qu'il ment ?

SÉBASTIEN

Oui diantre ! À moins d'empocher très déshonnêtement tout ce qu'il dégoise.

GONZALO

Methinks our garments are now as fresh as when we put them on first in Afric, at the marriage of the King's fair daughter Claribel to the King of Tunis.

SEBASTIAN

'Twas a sweet marriage, and we prosper well in our return.

ADRIAN

Tunis was never grac'd before with such a paragon to their queen.

GONZALO

Not since widow Dido's time.

ANTONIO

Widow? A pox o' that! How came that 'widow' in? Widow Dido!

SEBASTIAN

What if he had said 'widower Æneas' too? Good Lord, how you take it!

ADRIAN

'Widow Dido', said you? You make me study of that. She was of Carthage, not of Tunis.

GONZALO

Il me semble bien, en effet, que nos vêtements sont aussi frais aujourd'hui que lorsque nous les avons mis la première fois en Afrique pour le mariage de la belle Claribel, la fille de notre roi, avec le roi de Tunis.

SÉBASTIEN

Un bien beau mariage, et qui nous vaut cet heureux retour.

ADRIEN

Jamais Tunis n'avait eu pour reine un tel parangon de beauté.

GONZALO

Jamais, sinon du temps de Veuve Didon.

ANTONIO

Une veuve ? Quelle peste ! Dis donc, d'où sort cette veuve ? Veuve Didon !

SÉBASTIEN

Et s'il avait dit : le veuf Énée ? L'encore plus veuf Énée ? Grand Dieu, dans quel sens vous les prenez, ces Didon !

ADRIEN

La veuve Didon, dites-vous ? Mais vous m'y faites penser ! Elle était de Carthage, pas de Tunis.

GONZALO

This Tunis, sir, was Carthage.

ADRIAN

Carthage?

GONZALO

I assure you, Carthage.

ANTONIO

His word is more than the miraculous harp.

SEBASTIAN

He hath rais'd the wall, and houses too.

ANTONIO

What impossible matter will he make easy next?

SEBASTIAN

I think he will carry this island home in his pocket and give it his son for an apple.

ANTONIO

And, sowing the kernels of it in the sea, bring forth more islands.

GONZALO

Ay!

GONZALO

Ce Tunis, monsieur, fut Carthage.

ADRIEN

Carthage ?

GONZALO

Je vous le garantis : Carthage.

ANTONIO

Sa parole en fait davantage que la harpe miraculeuse.

SÉBASTIEN

Exact ! il fait s'élever l'enceinte, mais également les maisons.

ANTONIO

Quel autre prodige va-t-il nous donner pour un jeu d'enfant, tout à l'heure ?

SÉBASTIEN

J'imagine qu'il va ramener cette île à la maison dans sa poche et dire à son fils : Tiens, prends-moi cette pomme !

ANTONIO

Après quoi, semant les pépins dans la mer, il fera pousser d'autres îles.

GONZALO

Oui, je dis bien.

ANTONIO

Why, in good time!

GONZALO

Sir, we were talking that our garments seem now as fresh as when we were at Tunis at the marriage of your daughter, who is now Queen.

ANTONIO

And the rarest that e'er came there.

SEBASTIAN

Bate, I beseech you, widow Dido.

ANTONIO

O, widow Dido? Ay, widow Dido!

GONZALO

Is not, sir, my doublet as fresh as the first day I wore it? I mean, in a sort.

ANTONIO

That 'sort' was well fish'd for.

GONZALO

When I wore it at your daughter's marriage.

ALONSO

You cram these words into mine ears against
The stomach of my sense. Would I had never
Married my daughter there! for, coming thence,

ANTONIO

Il y aura mis du temps.

GONZALO

Sire, ce que nous nous disions, c'est que nos habits paraissent présentement aussi frais que lorsque nous assistions au mariage de votre fille, qui est maintenant une reine.

ANTONIO, *à part.*

Et la plus digne de louange qui ait jamais paru dans ces régions-là.

SÉBASTIEN

Hormis Veuve Didon, s'il vous plaît !

ANTONIO

Ouais, la veuve Didon ! Didon par-ci, Didon par-là !

GONZALO

Mon pourpoint, sire, n'est-il pas aussi frais qu'au premier jour ? Enfin, comme qui dirait...

ANTONIO

Dix raies d'un coup ! Une belle pêche !

GONZALO

Oui, quand je le portais au mariage de votre fille.

ALONSO

Assez ! Vous voulez me gaver de vos bavardages
Quand je n'en ai ni l'esprit ni le cœur.
Ah, combien je voudrais

My son is lost; and, in my rate, she too,
Who is so far from Italy remov'd
I ne'er again shall see her. O thou mine heir
Of Naples and of Milan, what strange fish
Hath made his meal on thee?

FRANCISCO

Sir, he may live.
I saw him beat the surges under him
And ride upon their backs. He trod the water,
Whose enmity he flung aside, and breasted
The surge most swol'n that met him. His bold head
'Bove the contentious waves he kept, and oar'd
Himself with his good arms in lusty stroke
To th' shore, that o'er his wave-worn basis bow'd,
As stooping to relieve him. I not doubt
He came alive to land.

ALONSO

No, no, he's gone.

SEBASTIAN

Sir, you may thank yourself for this great loss,
That would not bless our Europe with your daughter,
But rather lose her to an African,
Where she, at least, is banish'd from your eye
Who hath cause to wet the grief on't.

N'avoir jamais là-bas marié ma fille
Puisque c'est au retour que j'ai perdu mon fils
Et elle aussi, d'ailleurs, qui est si loin
De l'Italie, désormais, que jamais
Je ne la reverrai !... Hélas, quel poisson, quel monstre
S'est nourri de ton corps, mon fils,
Toi qui devais hériter de Milan, de Naples ?

FRANCISCO

Sire, il se peut fort bien qu'il soit en vie.
Je l'ai vu déjouer les vagues, les chevaucher
Penché sur leur crinière ; il fendait l'onde,
Il repoussait sa rage, il tenait tête
À la houle qui se gonflait au-dessus de lui.
Son fier visage,
Il le gardait au-dessus de ces assauts de l'écume,
Et de ses bras puissants, à coups vigoureux,
Il ramait vers la rive, qui semblait se pencher vers lui
De par-dessus son socle usé par les vagues
Pour lui porter secours. Je ne doute pas
Qu'il ait rejoint la terre ; qu'il soit en vie.

ALONSO

Non, non, non, il n'est plus.

SÉBASTIEN

De cette grande perte, sire,
N'accusez que vous-même : qui n'avez pas voulu
Que votre fille illumine l'Europe,
La préférant sous la coupe d'un Africain !
Si bien qu'elle est bannie de vos yeux, pour le moins.
Il ne leur reste plus qu'à verser des larmes.

ALONSO

Prithee peace.

SEBASTIAN

You were kneel'd to and importun'd otherwise
By all of us; and the fair soul herself
Weigh'd, between loathness and obedience, at
Which end o' th' beam should bow. We have lost your son,
I fear, for ever. Milan and Naples have
Moe widows in them of this business' making
Than we bring men to comfort them.
The fault's your own.

ALONSO

So is the dear'st o' th' loss.

GONZALO

My Lord Sebastian,
The truth you speak doth lack some gentleness,
And time to speak it in. You rub the sore
When you should bring the plaster.

SEBASTIAN

Very well.

ANTONIO

And most chirurgeonly.

ALONSO

Paix, je t'en prie !

SÉBASTIEN

Nous étions à vos pieds ! Nous vous importunions
De toutes les façons. Et elle, cette belle âme,
Balançant entre répugnance et piété filiale,
Ne savait quel fléau pencherait le plus.
Nous avons, je le crains, perdu votre fils,
Nous l'avons perdu à jamais ; et Milan et Naples
Gagneront plus de veuves dans l'affaire
Que nous ne serons d'hommes pour les calmer.
Le coupable, c'est vous.

ALONSO

Aussi, le plus atteint.

GONZALO

Monseigneur Sébastien,
Votre parole est vraie, mais il y faudrait
Un peu de bienveillance et plus d'à-propos.
Vous irritez la plaie
Quand vous feriez bien mieux d'y mettre du baume.

SÉBASTIEN

Oh, bien, bien.

ANTONIO

Comme un bon chirurgien.

GONZALO

It is foul weather in us all, good sir,
When you are cloudy.

SEBASTIAN

Foul weather?

ANTONIO

Very foul.

GONZALO

Had I plantation of this isle, my lord —

ANTONIO

He'd sow't with nettle seed.

SEBASTIAN

Or docks, or mallows.

GONZALO

And were the king on't, what would I do?

SEBASTIAN

Scape being drunk, for want of wine.

GONZALO

I' th' commonwealth I would by contraries
Execute all things; for no kind of traffic
Would I admit; no name of magistrate;
Letters should not be known; riches, poverty,
And use of service, none; contract, succession,
Bourn, bound of land, tilth, vineyard, none;
No use of metal, corn, or wine, or oil;

GONZALO

Il fait mauvais en chacun de nous, monseigneur,
Quand vous vous rembrumez.

SÉBASTIEN

Quand il s'est enrhumé ?

ANTONIO

Oh, très mauvais !

GONZALO

Sire, si je m'implantais dans cette île...

ANTONIO

Il y sèmerait des orties !

SÉBASTIEN

Et de la mauve et du poil à gratter.

GONZALO

... Et en étais le monarque, que ferais-je ?

SÉBASTIEN

Pas t'enivrer, en tout cas ! Le vin manque.

GONZALO

Eh bien, dans ma communauté, j'organiserais tout
À rebours du monde ordinaire. N'y admettant
Aucun commerce ; aucun titre de magistrat ;
Aucune sorte d'études. Richesse, pauvreté, non,
Travailler pour les autres, non. Vendre, léguer,
Délimiter, enclore, labourer même, tailler la vigne,

No occupation; all men idle, all;
And women too, but innocent and pure;
No sovereignty.

SEBASTIAN

Yet he would be king on't.

ANTONIO

The latter end of his commonwealth forgets the beginning.

GONZALO

All things in common nature should produce
Without sweat or endeavour. Treason, felony,
Sword, pike, knife, gun, or need of any engine
Would I not have; but nature should bring forth,
Of it own kind, all foison, all abundance,
To feed my innocent people.

SEBASTIAN

No marrying 'mong his subjects?

ANTONIO

None, man! All idle — whores and knaves.

GONZALO

I would with such perfection govern, sir,
T' excel the golden age.

Ah, non, jamais ! Ni forger du métal,
Ni faire de la farine, du vin, de l'huile :
Pas de métiers ! L'oisiveté pour chacun, pour tous,
Et même pour les femmes, mais qu'il faudrait
Innocentes et pures. De souverain, pas le moindre.

SÉBASTIEN

Sauf lui, bien sûr.

ANTONIO

La fin de sa constitution oublie son début.

GONZALO

Car pour le bien commun la nature produirait tout
Sans effort ni sueur. Trahisons, félonies,
Piques, épées, couteaux, canons, autres engins,
Je n'en tolérerais pas. La seule nature
Pourvoirait de soi-même, foisonnante, surabondante,
Aux besoins de mon peuple en son innocence.

SÉBASTIEN

On ne se marierait pas, parmi ses sujets ?

ANTONIO

Allons donc ! Tous oisifs ! Tous putains et tous souteneurs !

GONZALO

Messire, à gouverner si excellemment,
Je surpasserais l'âge d'or.

SEBASTIAN

Save his Majesty!

ANTONIO

Long live Gonzalo!

GONZALO

And — do you mark me, sir?

ALONSO

Prithee no more. Thou dost talk nothing to me.

GONZALO

I do well believe your Highness; and did it to minister occasion to these gentlemen, who are of such sensible and nimble lungs that they always use to laugh at nothing.

ANTONIO

'Twas you we laugh'd at.

GONZALO

Who in this kind of merry fooling am nothing to you. So you may continue, and laugh at nothing still.

ANTONIO

What a blow was there given!

SÉBASTIEN

Vive Sa Majesté !

ANTONIO

Longue vie à Gonzalo !

GONZALO

Sire ! m'écoutez-vous ?

ALONSO

Tais-toi, de grâce ! Tes discours ne me sont de rien.

GONZALO

J'en crois aisément Votre Grandeur. Et je ne parlais de la sorte que pour donner occasion de plaisanter à ces gentilshommes, qui ont la rate si sensible et primesautière que c'est leur habitude de rire à propos de rien.

ANTONIO

De rien, en effet, puisque c'est de vous que nous rions.

GONZALO

De moi qui ne suis rien auprès de vous pour le persiflage, en effet. Si bien que vous pouvez continuer de rire à propos de rien.

ANTONIO

Voilà qui est porter un bon coup !

SEBASTIAN

An it had not fall'n flatlong.

GONZALO

You are gentlemen of brave metal. You would lift the moon out of her sphere if she would continue in it five weeks without changing.

Enter Ariel, invisible, playing solemn music.

SEBASTIAN

We would so, and then go a-batfowling.

ANTONIO

Nay, good my lord, be not angry.

GONZALO

No, I warrant you. I will not adventure my discretion so weakly. Will you laugh me asleep, for I am very heavy?

ANTONIO

Go sleep, and hear us.

All sleep except Alonso, Sebastian, and Antonio.

SÉBASTIEN

Mais avec le plat de la lame.

GONZALO

Vous êtes des gentilshommes de bonne trempe, pour sûr. Vous décrocheriez la lune de son orbite pour peu qu'elle y reste cinq semaines sans y décroître.

Entre Ariel invisible, jouant une musique de grande solennité.

SÉBASTIEN

Sûr que nous le ferions, après quoi nous irions chasser les bécasses.

ANTONIO

Allons, mon cher seigneur, ne soyez pas irrité !

GONZALO

Irrité, non, vous pouvez m'en croire ! Je ne risquerai pas mon crédit aussi bêtement. Mais vous allez me faire dormir de rire, ma foi. Je me sens tout ensommeillé.

ANTONIO

Couchez-vous et continuez de nous écouter.

Tous s'endorment, sauf Alonso, Sébastien et Antonio.

ALONSO

What, all so soon asleep? I wish mine eyes
Would, with themselves, shut up my thoughts.
I find
They are inclin'd to do so.

SEBASTIAN

Please you, sir,
Do not omit the heavy offer of it.
It seldom visits sorrow; when it doth,
It is a comforter.

ANTONIO

We two, my lord,
Will guard your person while you take your rest,
And watch your safety.

ALONSO

Thank you. Wondrous heavy.

Alonso sleeps. Exit Ariel.

SEBASTIAN

What a strange drowsiness possesses them!

ANTONIO

It is the quality o' th' climate.

SEBASTIAN

Why
Doth it not then our eyelids sink? I find not
Myself dispos'd to sleep.

ALONSO

Tous endormis, et si vite ! Que je voudrais
Qu'en se fermant mes yeux m'assoupissent l'esprit !
Je sens qu'ils y sont enclins.

SÉBASTIEN

Sire, je vous en prie,
Ne vous refusez pas au marchand de sable.
Rarement le voit-on chez les affligés.
Mais quand il vient, c'est un réconfort.

ANTONIO

Tous les deux, monseigneur,
Nous veillerons sur vous pendant votre repos.
Vous serez en sécurité.

ALONSO

Merci... Quelle merveilleuse torpeur !

Alonso dort. Ariel se retire.

SÉBASTIEN

Quel étrange engourdissement les envahit tous !

ANTONIO

C'est un effet de ce climat.

SÉBASTIEN

Oui ? Mais pourquoi
Ne nous ferme-t-il pas les yeux, à nous aussi ?
Je n'ai aucune envie de dormir.

ANTONIO

Nor I. My spirits are nimble.
They fell together all, as by consent.
They dropp'd as by a thunder-stroke. What might,
Worthy Sebastian — O, what might? — No more!
And yet methinks I see it in thy face,
What thou shouldst be. Th' occasion speaks thee, and
My strong imagination sees a crown
Dropping upon thy head.

SEBASTIAN

What? Art thou waking?

ANTONIO

Do you not hear me speak?

SEBASTIAN

I do; and surely
It is a sleepy language, and thou speak'st
Out of thy sleep. What is it thou didst say?
This is a strange repose, to be asleep
With eyes wide open; standing, speaking, moving —
And yet so fast asleep.

ANTONIO

Noble Sebastian,
Thou let'st thy fortune sleep — die, rather; wink'st
Whiles thou art waking.

ANTONIO

Ni moi. J'ai l'esprit clair.
Ils se sont abattus tous ensemble, on eût dit
D'un même accord. Frappés
Par une même foudre. Valeureux Sébastien,
Ne pourrions-nous, oh, ne pourrions-nous...
Soit, suffit. Et pourtant, sur ton visage,
Je crois bien percevoir ce que tu dois être.
L'occasion te fait signe !
Et ma vive imagination voit une couronne
Qui descend, sur ta tête.

SÉBASTIEN

Que dis-tu là ? Es-tu bien éveillé ?

ANTONIO

Ne m'entends-tu pas bien ?

SÉBASTIEN

Certes ! Mais sûrement
Ce sont mots de dormeur, c'est dans ton sommeil
Que tu parles comme cela. Que disais-tu, au juste ?
Quel étrange repos, dormir ainsi
Debout, les yeux ouverts : parlant, bougeant,
Et tout de même dormant, à poings fermés !

ANTONIO

Noble Sébastien, mais c'est toi
Qui laisses dormir ta chance ; ou, bien plutôt,
Qui la laisses mourir ! Tes yeux se ferment
Bien que tu sois éveillé.

SEBASTIAN

Thou dost snore distinctly;
There's meaning in thy snores.

ANTONIO

I am more serious than my custom. You
Must be so too, if heed me; which to do
Trebles thee o'er.

SEBASTIAN

Well, I am standing water.

ANTONIO

I'll teach you how to flow.

SEBASTIAN

Do so. To ebb
Hereditary sloth instructs me.

ANTONIO

O,
If you but knew how you the purpose cherish
Whiles thus you mock it! how, in stripping it,
You more invest it! Ebbing men indeed
(Most often) do so near the bottom run
By their own fear or sloth.

SEBASTIAN

Prithee say on.
The setting of thine eye and cheek proclaim

SÉBASTIEN

Tu ronfles mais fort clair.
Il y a du sens dans tes ronflements.

ANTONIO

Je suis sérieux, pour une fois. Vous-même,
Vous vous devez de l'être tout autant,
Comprenez-vous ? C'est le moment d'agir,
Vous triplerez votre mise !

SÉBASTIEN

Moi ? Une eau sans marées !

ANTONIO

Je vous enseignerai à être l'eau qui monte.

SÉBASTIEN

Fais-le ! Car c'est à refluer
Que m'incite ma nonchalance héréditaire.

ANTONIO

Ah, si seulement vous pouviez comprendre
À quel point vous le chérissez, ce grand dessein
Qui suscite vos railleries ! Et qu'en le repoussant
Vous ne vous y attachez que davantage.
Les hommes du reflux ? Ils vont par le fond
Le plus souvent, du fait de leur inertie…
Ou de leur peur !

SÉBASTIEN

Continue, je t'en prie,
Ton regard absorbé l'annonce, et ta joue en feu :

A matter from thee; and a birth, indeed,
Which throes thee much to yield.

ANTONIO

Thus, sir:
Although this lord of weak remembrance, this
Who shall be of as little memory
When he is earth'd, hath here almost persuaded
(For he's a spirit of persuasion, only
Professes to persuade) the King his son's alive,
'Tis as impossible that he's undrown'd
As he that sleeps here swims.

SEBASTIAN

I have no hope
That he's undrown'd.

ANTONIO

O, out of that no hope
What great hope have you! No hope that way is
Another way so high a hope that even
Ambition cannot pierce a wink beyond,
But doubts discovery there. Will you grant with me
That Ferdinand is drown'd?

SEBASTIAN

He's gone.

ANTONIO

Then tell me,
Who's the next heir of Naples?

Une pensée demande à naître en toi,
Mais tu souffres beaucoup à la mettre au monde.

ANTONIO

Voici, monsieur.
Encor que ce seigneur à la faible mémoire,
Oui, là, et que lui-même on oubliera vite
Dès qu'il sera sous terre, ait presque convaincu
Le roi (il sait y faire, il en fait métier)
Que son fils est vivant, il est exclu
Que celui-ci ne se soit pas noyé. Autant penser
Qu'en ce moment il nage, ce dormeur !

SÉBASTIEN

Je n'ai aucun espoir
Qu'il ne soit pas noyé.

ANTONIO

« Aucun espoir » ! Dites plutôt le grand espoir
Que cette pensée vous donne ! « Aucun espoir »
De ce côté, mais un si grand de l'autre
Qu'il n'est pas d'ambition pour viser plus haut,
Même quand elle doute encore ! M'accordez-vous
Que Ferdinand s'est noyé ?

SÉBASTIEN

Il n'est plus.

ANTONIO

Bien, dites-moi maintenant
Quel est alors l'héritier de Naples.

SEBASTIAN

Claribel.

ANTONIO

She that is Queen of Tunis; she that dwells
Ten leagues beyond man's life; she that from Naples
Can have no note, unless the sun were post —
The man i' th' moon's too slow — till new-born chins
Be rough and razorable; she that from whom
We all were sea-swallow'd, though some cast again,
And, by that destiny, to perform an act
Whereof what's past is prologue, what to come,
In yours and my discharge.

SEBASTIAN

What stuff is this? How say you?
'Tis true my brother's daughter's Queen of Tunis;
So is she heir of Naples; 'twixt which regions
There is some space.

ANTONIO

A space whose ev'ry cubit
Seems to cry out 'How shall that Claribel
Measure us back to Naples? Keep in Tunis,
And let Sebastian wake!' Say this were death
That now hath seiz'd them, why, they were no worse
Than now they are. There be that can rule Naples
As well as he that sleeps; lords that can prate

SÉBASTIEN

Claribel.

ANTONIO

Claribel, qui est reine de Tunis ! Qui vit si loin
Qu'il faut toute une vie pour aller chez elle !
Et qui du coup ne saura rien de Naples,
(À moins que le soleil ne porte la lettre,
Trop peu rapide étant l'homme de la lune)
Avant que ses enfants à naître n'aient de la barbe
Et ne réclament des rasoirs ! Elle que nous avons
Quittée pour disparaître en mer !... Sauf que certains
Ont donc été sauvés, par le destin,
Pour accomplir un acte dont ce passé
Est le prologue ; et dont la décision
Est dans vos mains et les miennes.

SÉBASTIEN

Où veux-tu en venir ? Que me dis-tu ?
C'est vrai, la fille de mon frère est reine de Tunis
Et l'héritière de Naples : deux pays
Séparés par pas mal d'espace.

ANTONIO

Un espace dont chaque lieue
Semble s'exclamer : comment diable
Nous retraverserait cette Claribel ?
Qu'elle reste à Tunis et que Sébastien se réveille !
Dites-moi : si c'était la mort qui les avait pris,
Ceux que vous croyez là, serait-ce pire
Que le sommeil présent ?... Et j'en sais un, ici,
Qui peut régner sur Naples tout aussi bien

As amply and unnecessarily
As this Gonzalo. I myself could make
A chough of as deep chat. O, that you bore
The mind that I do! What a sleep were this
For your advancement! Do you understand me?

SEBASTIAN

Methinks I do.

ANTONIO

And how does your content
Tender your own good fortune?

SEBASTIAN

I remember
You did supplant your brother Prospero.

ANTONIO

True.
And look how well my garments sit upon me,
Much feater than before! My brother's servants
Were then my fellows; now they are my men.

SEBASTIAN

But, for your conscience —

ANTONIO

Ay, sir! Where lies that? If 'twere a kibe,
'Twould put me to my slipper; but I feel not

Que ce dormeur ; et je sais des nobles
Qui peuvent jacasser aussi oiseusement
Et à n'en plus finir que ce Gonzalo. Pour ma part
Je ferais un choucas d'aussi profond ramage...
Ah, que ne pensez-vous comme je pense !
Quelle ascension vous vaudrait cette sieste !
Me comprenez-vous bien ?

SÉBASTIEN

Je crois que oui.

ANTONIO

Et comment prenez-vous
Cette heureuse occasion ?

SÉBASTIEN

Si je me souviens bien
Vous avez supplanté Prospéro, votre frère ?

ANTONIO

Parfaitement.
Et voyez comme mes habits me parent bien.
Meilleure coupe qu'autrefois ! Ceux qui servaient
mon frère,
Ils étaient mes égaux.
Maintenant ils sont à mes ordres.

SÉBASTIEN

Oui, mais votre conscience ?

ANTONIO

Où la placez-vous, mon ami ? L'aurais-je au pied
Comme une ampoule, je porterais pantoufle.

This deity in my bosom. Twenty consciences
That stand 'twixt me and Milan, candied be they
And melt, ere they molest! Here lies your brother,
No better than the earth he lies upon
If he were that which now he's like — that's dead;
Whom I with this obedient steel (three inches of it)
Can lay to bed for ever; whiles you, doing thus,
To the perpetual wink for aye might put
This ancient morsel, this Sir Prudence, who
Should not upbraid our course. For all the rest,
They'll take suggestion as a cat laps milk;
They'll tell the clock to any business that
We say befits the hour.

SEBASTIAN

Thy case, dear friend,
Shall be my precedent. As thou got'st Milan,
I'll come by Naples. Draw thy sword. One stroke
Shall free thee from the tribute which thou payest,
And I the King shall love thee.

ANTONIO

Draw together;
And when I rear my hand, do you the like,
To fall it on Gonzalo.

Mais je ne la sens pas en moi, cette déesse,
Et s'il s'en dressait vingt, de ces consciences,
Entre la possession de Milan et moi,
Je vous les roulerais dans du sucre, où elles fondraient
Avant d'avoir pu me nuire... Votre frère gît là.
Il ne vaudrait pas mieux que le peu de terre qu'il couvre
S'il était ce dont il a l'air, c'est-à-dire mort.
Oui, lui que je puis faire à jamais dormir
Avec rien que trois pouces de ce fidèle métal,
Tandis que vous, faisant de même, expédieriez
Au sommeil éternel ce plat réchauffé,
Ce Monsieur la Sagesse, qu'il ne faut pas
Laisser déblatérer sur notre compte. Ceux qui restent,
Ils boiront nos avis comme le chat le lait
Et ils régleront leur pendule
Sur quoi que ce soit dont nous leur dirons que c'est l'heure.

SÉBASTIEN

Ce que tu fis
Me soit mon précédent, mon cher ami,
Et comme tu as eu Milan, moi j'aurai Naples.
Dégaine ton épée. Et d'un seul coup
Libère-toi du tribut que tu paies
Et entre dans mon cœur, mon cœur de roi !

ANTONIO

Dégainons ensemble,
Et quand j'élève mon bras, vous faites de même
Pour frapper Gonzalo.

They draw.

SEBASTIAN

O, but one word!

They converse apart.
Enter Ariel, invisible, with music and song.

ARIEL

My master through his art foresees the danger
That you, his friend, are in, and sends me forth
(For else his project dies) to keep them living.

Sings in Gonzalo's ear.

While you here do snoring lie,
Open-ey'd conspiracy
His time doth take.
If of life you keep a care,
Shake off slumber and beware.
Awake, Awake!

ANTONIO

Then let us both be sudden.

GONZALO, *wakes.*

Now good angels
Preserve the King!

ALONSO

Why, how now? Ho, awake!
— Why are you drawn?
Wherefore this ghastly looking?

Ils tirent leurs épées.

SÉBASTIEN

Un mot, tout de même.

Ils parlent.

Ariel à nouveau, invisible. De la musique et une chanson.

ARIEL

Avec son Art, mon maître a vu le danger
Qui te menace, toi son ami. Il m'envoie
Pour vous sauver, et préserver son entreprise.

Il chante à l'oreille de Gonzalo.

Pendant que tu dors ici
D'autres veillent, qui ont ourdi
Un complot contre ta vie.
Si tu tiens à ton existence
Réveille-toi, prends conscience.
Debout, debout !

ANTONIO

Soyons donc tous deux très rapides.

GONZALO, *s'éveillant.*

Anges du ciel, préservez le roi !

Tous s'éveillent.

ALONSO

Quoi, que se passe-t-il ? Tous réveillés ?
Pourquoi ces épées nues, ces regards sinistres ?

GONZALO

What's the matter?

SEBASTIAN

Whiles we stood here securing your repose,
Even now, we heard a hollow burst of bellowing
Like bulls, or rather lions. Did't not wake you?
It struck mine ear most terribly.

ALONSO

I heard nothing.

ANTONIO

O, 'twas a din to fright a monster's ear,
To make an earthquake! Sure it was the roar
Of a whole herd of lions.

ALONSO

Heard you this, Gonzalo?

GONZALO

Upon mine honour, sir, I heard a humming,
And that a strange one too, which did awake me.
I shak'd you, sir, and cried. As mine eyes open'd,
I saw their weapons drawn. There was a noise;
That's verily. 'Tis best we stand upon our guard,
Or that we quit this place. Let's draw our weapons.

GONZALO

Que s'est-il passé ?

SÉBASTIEN

Nous étions là, à veiller sur votre sommeil,
Quand ce mugissement, à l'instant même,
Ce beuglement, était-ce des taureaux ?
Non, plutôt des lions ?... Il ne vous a pas réveillés ?
Il m'a glacé les sangs.

ALONSO

Je n'ai rien entendu.

ANTONIO

Oh, un vacarme à terroriser des monstres,
À faire trembler la terre ! Sûr que c'était
Le rugissement d'une horde entière de lions.

ALONSO

Avez-vous entendu ce bruit, vous, Gonzalo ?

GONZALO

Ma foi, sire, j'ai bien entendu un bourdonnement
Assez bizarre, et qui m'a réveillé.
Je vous ai secoué, sire, j'ai crié.
Et quand mes yeux s'ouvrirent, j'ai vu leurs lames.
Qu'il y ait eu du bruit, ce n'est pas douteux.
Il est prudent de rester sur nos gardes
Ou de quitter la place. Dégainons, nous aussi.

ALONSO

Lead off this ground, and let's make further search
For my poor son.

GONZALO

Heavens keep him from these beasts!
For he is sure i' th' island.

ALONSO

Lead away.

ARIEL

Prospero my lord shall know what I have done.
So, King, go safely on to seek thy son.

Exeunt.

SCENE 2

Another part of the island.
Enter Caliban with a burthen of wood. A noise of thunder heard.

CALIBAN

All the infections that the sun sucks up
From bogs, fens, flats, on Prosper fall and make
him
By inchmeal a disease! His spirits hear me,
And yet I needs must curse. But they'll nor pinch,
Fright me with urchin-shows, pitch me i' th' mire,
Nor lead me, like a firebrand, in the dark

ALONSO

Mène-nous hors d'ici ; et recommençons la
recherche
De mon malheureux fils.

GONZALO

Le Ciel le garde à l'abri de ces fauves !
Car je suis sûr qu'il est quelque part dans l'île.

ALONSO

Ouvre la marche.

ARIEL

Mon maître Prospéro va apprendre ce que j'ai fait.
Toi, le roi, recherche ton fils sans plus de risques.

Ils sortent.

SCÈNE 2

Une autre partie de l'île.
Entre Caliban avec une charge de bois.
Bruit de tonnerre.

CALIBAN

Que tous les miasmes que pompe le soleil
Dans les fossés, les bourbiers, les mares,
Retombent sur Prospéro ! Que chaque recoin de
sa chair
Ne soit plus que pustules ! Ses elfes m'écoutent,
Mais c'est plus fort que moi, il me faut le maudire.
Certes, ce n'est pas eux qui me pinceraient,

Out of my way, unless he bid 'em; but
For every trifle are they set upon me;
Sometime like apes that mow and chatter at me,
And after bite me; then like hedgehogs which
Lie tumbling in my barefoot way and mount
Their pricks at my footfall; sometime am I
All wound with adders, who with cloven tongues
Do hiss me into madness.

Enter Trinculo.

Lo, now, lo!
Here comes a spirit of his, and to torment me
For bringing wood in slowly. I'll fall flat.
Perchance he will not mind me.

Lies down.

TRINCULO

Here's neither bush nor shrub to bear off any weather at all, and another storm brewing. I hear it sing i' th' wind. Yond same black cloud, yond huge one, looks like a foul bombard that would shed his liquor. If it should thunder as it did before, I know not where to hide my head. Yond same cloud cannot choose but fall by pailfuls. What have we here? a man or a fish? dead or alive? A fish :

Qui m'épouvanteraient avec ces gobelins
À figures d'oursins, qui me jetteraient
Dans la fange, qui m'égareraient dans la nuit
Comme des feux follets ; mais il leur commande !
À la moindre vétille il les lâche sur moi,
Parfois comme des singes qui grimacent,
Qui me montrent les dents puis qui me mordent,
Ou comme des hérissons, qui se mettent en boule
Là où je vais pieds nus, et qui me déchirent.
Et parfois il me roule dans des vipères
Dont la langue fourchue siffle à me rendre fou !

Entre Trinculo.

Et là, qu'est-ce qui vient là
Sinon encore un de ses esprits
Qui va me tourmenter parce que, son bois,
Je ne le rentre pas assez vite ? À plat ventre !
Peut-être qu'il ne me remarquera pas.

Il se met à plat ventre.

TRINCULO

Pas un buisson, pas une branche pour vous protéger de quoi que ce soit. Alors que voici encore un orage qui fermente, je l'entends qui chante dans le vent. Ce nuage noir là-bas, cet énorme nuage, toujours le même, on dirait une sale bonbonne prête à verser sa liqueur. S'il devait tonner comme il l'a fait cette nuit, je me demande où j'irais me cacher le crâne : car ce nuage lui non plus ne peut manquer de se répandre à pleins seaux. Tiens, qu'avons-nous là ? Est-ce un poisson,

he smells like a fish; a very ancient and fishlike smell; a kind of, not of the newest, poor-John. A strange fish! Were I in England now, as once I was, and had but this fish painted, not a holiday fool there but would give a piece of silver. There would this monster make a man. Any strange beast there makes a man. When they will not give a doit to relieve a lame beggar, they will lay out ten to see a dead Indian. Legg'd like a man! and his fins like arms! Warm, o' my troth! I do now let loose my opinion, hold it no longer: this is no fish, but an islander, that hath lately suffered by a thunderbolt. *(Thunder.)* Alas, the storm is come again! My best way is to creep under his gaberdine. There is no other shelter hereabout. Misery acquaints a man with strange bedfellows. I will here shroud till the dregs of the storm be past.

Creeps under Caliban's garment.

Enter Stephano, singing; a bottle in his hand.

STEPHANO

I shall no more to sea, to sea;
Here shall I die ashore.

est-ce un homme, est-ce du vivant ou du mort ? Un poisson, car cela sent le poisson. Une odeur de poisson bien rance. Une sorte de merluche du genre il y a plus frais. Serais-je en Angleterre, comme cela m'est arrivé une fois, et que je fasse seulement mettre ce poisson en peinture à l'huile, il n'y aurait pas un brave idiot à se promener le dimanche qui ne m'allongerait sa pièce d'argent. Là-bas ce monstre vous ferait vivre son homme ; et c'est que la bête la plus bizarre peut y passer pour un homme. Ils ne se fendraient pas d'un liard pour un estropié qui mendie, mais ils en sortiraient dix pour voir un mort si c'est un Indien... Il a des jambes comme un être humain, et ses nageoires sont comme des bras ! Et il est chaud, ma parole ! J'abandonne mon hypothèse, la laisse choir. Ce n'est pas un poisson, ceci, mais un insulaire, qui vient d'être frappé par la foudre. *(Tonnerre.)* Hélas, l'orage qui recommence ! Le mieux que je puisse faire est de me glisser sous sa cape, il n'est pas d'autre refuge dans les parages. Les revers peuvent nous valoir d'étranges compagnons de lit. Je vais m'envelopper là-dessous tant que l'orage ne se sera pas déversé jusqu'à la lie.

Il se glisse sous le manteau.
Entre Stéphano chantant, une bouteille à la main.

STÉPHANO

Je n'irai plus en mer, plus en mer,
Je mourrai ici, sur la rive.

This is a very scurvy tune to sing at a man's funeral. Well, here's my comfort.

Drinks.

The master, the swabber, the boatswain, and I,
  The gunner, and his mate,
Lov'd Mall, Meg, and Marian, and Margery,
  But none of us car'd for Kate.
For she had a tongue with a tang,
Would cry to a sailor "Go hang!"
She lov'd not the savour of tar nor of pitch;
Yet a tailor might scratch her where'er she did itch.
Then to sea, boys, and let her go hang!

This is a scurvy tune too; but here's my comfort.

Drinks.

CALIBAN

Do not torment me! O!

STEPHANO

What's the matter? Have we devils here? Do you put tricks upon's with salvages and men of Inde, ha? I have not scap'd drowning to be afeard now of your four legs; for it hath been said, "As proper a man as ever went on four legs cannot make him give ground"; and it shall be said so again, while Stephano breathes at' nostrils.

C'est une bien vilaine chanson pour les funérailles d'un marin. Mais voici mon réconfort.

Il boit.

(chantant)

Le timonier, le gabier, moi-même,
Et le canonnier et le capitaine
Nous aimons bien Meg, Marion, Molly, Madeleine,
Mais Kate, ah non, pas question !
Car son soprano, il vous faut l'entendre
Nous crier, marin, va te faire pendre !
Le goudron, la poix, ils la dégoûtèrent.
Ce n'est qu'un tailleur qui fit son affaire
Pour la gratter là où ça peut lui plaire.
Soit ! La mer pour nous, les copains,
Et la corde pour la putain !

Encore une vilaine chanson, mais voici mon réconfort.

Il boit.

CALIBAN

Ne me tourmente pas ! Oh, s'il te plaît !

STÉPHANO

Que se passe-t-il ? Y a-t-il des diables par ici ? Veut-on nous jouer des tours à grands renforts de sauvages et autres Indiens ? Peuh ! Je n'ai pas échappé à la noyade pour avoir peur maintenant de vos quatre jambes. Car il a bien été dit : « Pas de fier-à-bras à marcher sur quatre jambes qui puisse le faire reculer. » Et on pourra le redire tant que Stéphano aura des narines.

CALIBAN

The spirit torments me. O!

STEPHANO

This is some monster of the isle, with four legs, who hath got, as I take it, an ague. Where the devil should he learn our language? I will give him some relief, if it be but for that. If I can recover him, and keep him tame, and get to Naples with him, he's a present for any emperor that ever trod on neat's leather.

CALIBAN

Do not torment me prithee! I'll bring my wood home faster.

STEPHANO

He's in his fit now and does not talk after the wisest. He shall taste of my bottle. If he have never drunk wine afore, it will go near to remove his fit. If I can recover him and keep him tame, I will not take too much for him; he shall pay for him that hath him, and that soundly.

CALIBAN

Thou dost me yet but little hurt.
Thou wilt anon; I know it by thy trembling.
Now Prosper works upon thee.

CALIBAN

L'esprit me tourmente. Oh là là !

STÉPHANO

C'est quelque monstre de l'île, quelque monstre à quatre jambes qui aura chopé, m'est avis, une bonne fièvre. Mais où diable a-t-il pu se faire enseigner notre langue ? Je vais lui porter secours, ne serait-ce que pour cela. Si je le remets sur ses pieds, et l'apprivoise, et peux l'emmener à Naples, j'aurai là un présent à la mesure du plus grand empereur qui ait jamais marché sur du cuir de vache.

CALIBAN

Ne me tourmente pas, je te prie ! Je rentrerai le bois plus vite.

STÉPHANO

Il a sa crise, il délire, mais il va tâter de ma bouteille, et pour peu qu'il n'ait jamais bu de vin, cela aura toute chance de lui faire tomber sa fièvre. Si seulement je le remets debout et l'apprivoise, aucun prix n'en sera trop élevé, il faudra casquer pour l'avoir, et pas rien qu'un peu, je vous le promets !

CALIBAN

Tu ne m'as fait grand mal encore, mais ça va venir, je le sens à tes tremblements, c'est Prospéro qui te travaille.

STEPHANO

Come on your ways. Open your mouth. Here is that which will give language to you, cat. Open your mouth. This will shake your shaking, I can tell you, and that soundly. *(Gives Caliban drink.)* You cannot tell who's your friend. Open your chaps again.

TRINCULO

I should know that voice. It should be — but he is drown'd; and these are devils. O, defend me!

STEPHANO

Four legs and two voices — a most delicate monster! His forward voice now is to speak well of his friend; his backward voice is to utter foul speeches and to detract. If all the wine in my bottle will recover him, I will help his ague. Come! *(Gives drink.)* Amen! I will pour some in thy other mouth.

TRINCULO

Stephano!

STEPHANO

Doth thy other mouth call me? Mercy, mercy! This is a devil, and no monster. I will leave him; I have no long spoon.

STÉPHANO

Viens çà, ouvre ta bouche. Voilà qui va te donner le langage, mon petit chat. Ouvre ta bouche, cette potion va faire trembler ton tremblement, et pas rien qu'un peu, je te le promets. *(Caliban boit.)* On ne reconnaît pas tout de suite ses vrais amis... Ouvre-moi encore tes écluses.

TRINCULO

Je connais cette voix. C'est celle de... Mais non, il est mort, noyé. Des démons ? Oh, défendez-moi !

STÉPHANO

Quatre jambes et deux voix : c'est là un monstre de la plus délicate facture. Sa voix de devant est faite pour dire du bien des amis, celle de derrière pour les débiner ou débiter des obscénités. Faudrait-il pour le remettre sur pied tout le vin de ma bouteille, je vais la soigner, sa fièvre. Allons, bois ! *(Caliban boit à nouveau.)* Amen ! Un peu de vin maintenant dans ton autre bouche.

TRINCULO

Stéphano !

STÉPHANO

C'est ton autre bouche qui dit mon nom ? Miséricorde ! Ce n'est pas un monstre, c'est un diable ! Je prends le large. Ma cuillère n'est vraiment pas assez longue.

TRINCULO

Stephano ! If thou beest Stephano, touch me and speak to me ; for I am Trinculo — be not afeard — thy good friend Trinculo.

STEPHANO

If thou beest Trinculo, come forth. I'll pull thee by the lesser legs. If any be Trinculo's legs, these are they. *(Draws him out from under Caliban's garment.)* Thou art very Trinculo indeed ! How cam'st thou to be the siege of this mooncalf ? Can he vent Trinculos ?

TRINCULO

I took him to be kill'd with a thunderstroke. But art thou not drown'd, Stephano ? I hope now thou art not drown'd. Is the storm overblown ? I hid me under the dead mooncalf's gaberdine for fear of the storm. And art thou living, Stephano ? O Stephano, two Neapolitans scap'd ?

STEPHANO

Prithee do not turn me about. My stomach is not constant.

CALIBAN, *aside.*

These be fine things, an if they be not sprites.
That's a brave god and bears celestial liquor.
I will kneel to him.

TRINCULO

Stéphano ! Si vraiment tu es Stéphano, touche-moi et parle-moi. Car, n'aie pas peur, moi, je suis bien Trinculo, ton vieux copain Trinculo.

STÉPHANO

Si tu es bien Trinculo, sors de là-dessous. Je vais te tirer par tes jambes les plus courtes… Si jambes de Trinculo il y a, il faut que ce soit celles-là. *(Il le tire de sous le manteau.)* Trinculo ! Du pur Trinculo, ma parole ! Comment t'y es-tu pris pour te faire l'étron de ce rejeton de la lune ? Est-ce qu'il chierait des Trinculos ?

TRINCULO

Je l'avais cru tué par la foudre. Mais toi-même, n'es-tu pas noyé, Stéphano ? J'espère bien que tu n'es pas un noyé. Est-ce que l'orage est fini ? Je me suis caché sous la cape de ce veau de la lune parce que j'avais peur de l'orage. Es-tu bien en vie, Stéphano ? Oh, Stéphano, cela fait donc deux Napolitains de rescapés !

STÉPHANO

Ne me fais pas tourner comme cela, je te prie. Je n'ai pas l'estomac solide.

CALIBAN

Ils sont bien beaux si ce ne sont pas des esprits.
Un dieu bon, celui qui apporte cette céleste
liqueur !
Je vais m'agenouiller devant lui.

STEPHANO

How didst thou scape? How cam'st thou hither? Swear by this bottle how thou cam'st hither. I escap'd upon a butt of sack which the sailors heaved o'erboard, by this bottle! which I made of the bark of a tree with mine own hands since I was cast ashore.

CALIBAN

I'll swear upon that bottle to be thy true subject, for the liquor is not earthly.

STEPHANO

Here! Swear then how thou escap'dst.

TRINCULO

Swum ashore, man, like a duck. I can swim like a duck, I' ll be sworn.

STEPHANO

Here, kiss the book. *(Gives him drink.)* Though thou canst swim like a duck, thou art made like a goose.

TRINCULO

O Stephano, hast any more of this?

STEPHANO

The whole butt, man. My cellar is in a rock by th' seaside, where my wine is hid. How now, mooncalf? How does thine ague?

STÉPHANO

Comment t'en es-tu tiré, dis-moi ! Comment es-tu arrivé jusqu'ici ? Jure par cette bouteille, et dis-moi comment tu es arrivé jusqu'ici. Moi, j'ai pu m'en sortir à cheval sur un fût de vin d'Espagne que les matelots avaient balancé par-dessus bord. Vrai de vrai, par cette bouteille ! que je me suis fabriquée de mes propres mains avec de l'écorce d'arbre dès que je me suis retrouvé sur le rivage.

CALIBAN

Je jure sur cette bouteille que je serai ton loyal sujet, car cette liqueur n'est pas de ce monde.

STÉPHANO

Bois ! Et toi tu me dis sous la foi du serment comment tu as pu te sauver.

TRINCULO

J'ai nagé jusqu'à la côte comme un canard, mon ami. Car je nage comme un canard, je le jure !

STÉPHANO

Tiens ! Baise le livre ! *(Il lui donne à boire.)* Tu nages comme un canard mais tu te dandines comme une oie.

TRINCULO

Oh, Stéphano, en as-tu d'autre ?

STÉPHANO

Tout le tonneau, mon ami. Ma cave est dans un rocher près de la mer, et mon vin y est bien caché. Eh bien, petit veau de la lune, où en est ta fièvre ?

CALIBAN

Hast thou not dropp'd from heaven?

STEPHANO

Out o' th' moon, I do assure thee. I was the Man i' th' Moon when time was.

CALIBAN

I have seen thee in her, and I do adore thee.
My mistress show'd me thee, and thy dog, and thy bush.

STEPHANO

Come, swear to that; kiss the book. I will furnish it anon with new contents. Swear.

Caliban drinks.

TRINCULO

By this good light, this is a very shallow monster! I afeard of him? A very weak monster! The Man i' th' Moon? A most poor credulous monster! Well drawn, monster, in good sooth.

CALIBAN

I'll show thee every fertile inch o' th' island;
And I will kiss thy foot. I prithee be my god.

TRINCULO

By this light, a most perfidious and drunken monster! When's god's asleep he'll rob his bottle.

CALIBAN

N'es-tu pas descendu du ciel ?

STÉPHANO

De la lune, tu peux me croire. J'étais l'homme de la lune, dans le temps.

CALIBAN

Ah, je t'y ai vu ! Et je t'adore.
Ma maîtresse me disait :
Regarde-le, tu vois son chien, son fagot !

STÉPHANO

Allons, jure-moi ça, baise le livre. Je vais bientôt donner nouveau contenu à cette vieille outre. Jure !

Caliban boit.

TRINCULO

Par cette douce lumière, c'est là un monstre plutôt simplet. Et moi qui avais peur de lui ! Dans le genre monstre, très faible ! L'homme de la lune ? Pauvre bougre de monstre gobe-mouche ! Mais avec une belle descente, ma foi !

CALIBAN

Je te montrerai tous les lieux fertiles de l'île.
Je baiserai tes pieds.
Ah, je te prie, sois mon dieu !

TRINCULO

Par la lumière, un monstre du genre tout à fait perfide et ivrogne. Quand son maître sera endormi, il lui volera sa bouteille.

CALIBAN

I'll kiss thy foot. I'll swear myself thy subject.

STEPHANO

Come on then. Down, and swear!

TRINCULO

I shall laugh myself to death at this puppy-headed monster. A most scurvy monster! I could find in my heart to beat him —

STEPHANO

Come, kiss.

TRINCULO

But that the poor monster's in drink. An abominable monster!

CALIBAN

I'll show thee the best springs; I'll pluck thee berries;
I'll fish for thee, and get thee wood enough.
A plague upon the tyrant that I serve!
I'll bear him no more sticks, but follow thee,
Thou wondrous man.

TRINCULO

A most ridiculous monster, to make a wonder of a poor drunkard!

CALIBAN

Je baiserai tes pieds. Je jurerai que je suis ton humble sujet.

STÉPHANO

Bon. À genoux alors, et tu jures.

TRINCULO

À mourir de rire, ce monstre à tête de petit chien. Un bien vilain monstre. Je me sens prêt à le battre.

STÉPHANO

Allons, baise le livre.

TRINCULO

Sauf que le pauvre monstre est fin saoul. Une abomination, ce monstre.

CALIBAN

Je te montrerai les meilleures sources. Je ramasserai
Des baies pour toi, je pêcherai pour toi, je rentrerai
Tout le bois qu'il te faut. Et que la peste
Emporte le tyran dont je suis l'esclave !
Fini de lui porter des fagots ! C'est toi
Que je vais suivre, toi, merveille d'homme !

TRINCULO

Ridicule ce monstre qui prend un pauvre saoulard pour une merveille.

CALIBAN

I prithee let me bring thee where crabs grow;
And I with my long nails will dig thee pignuts,
Show thee a jay's nest, and instruct thee how
To snare the nimble marmoset; I'll bring thee
To clust'ring filberts, and sometimes I'll get thee
Young scamels from the rock. Wilt thou go with
me?

STEPHANO

I prithee now lead the way without any more talking. Trinculo, the King and all our company else being drown'd, we will inherit here. Here, bear my bottle. Fellow Trinculo, we'll fill him by-and-by again.

CALIBAN, *sings drunkenly.*

Farewell, master; farewell, farewell!

TRINCULO

A howling monster! a drunken monster!

CALIBAN

No more dams I'll make for fish,
Nor fetch in firing
At requiring,
Nor scrape trenchering, nor wash dish.
'Ban, 'Ban, Ca — Caliban
Has a new master. Get a new man.

CALIBAN

Laisse-moi te conduire où mûrit la pomme sauvage
Et te trouver des truffes sous mes grands ongles griffus.
Je te montrerai le nid du geai ; et comment
On attrape les lestes petits singes.
Et nous irons là où les noisettes pendent en grappes,
Je t'apporterai même des œufs de mouette
Des rochers du rivage. Viendras-tu ? Avec moi ?

STÉPHANO

Pour le moment tu ouvres la marche, mais, s'il te plaît, pas un mot de plus. Trinculo, puisque le roi s'est noyé, et toute la compagnie, c'est nous qui héritons de ces lieux. *(À Caliban)* Toi, porte ma bouteille. Mon bon Trinculo, nous allons la remplir sans plus tarder.

CALIBAN, *« chantant, ivre »*

Adieu, mon maître ; adieu, adieu !

TRINCULO

Aussi braillard que saoulard, le monstre.

CALIBAN

Je ne ferai plus de barrages
Pour t'attraper des poissons,
Je n'irai plus couper du bois
Chaque fois qu'il te paraît bon.
Et plus jamais de récurage
De marmites et de vaisselles.

Freedom, high-day! high-day, freedom! freedom, high-day, freedom!

STEPHANO

O brave monster! lead the way.

Exeunt.

Caliban, Ca Ca Caliban
Et ban et ban, est content
Car il a changé de tutelle.
Trouve-toi une autre haridelle.
Liberté ! Quel grand jour ! C'est dimanche !
Liberté, liberté ! C'est dimanche et la liberté !

STÉPHANO

Ouvre la marche, beau monstre !

Ils sortent.

ACT III

SCENE 1

Before Prospero's cell.
Enter Ferdinand, bearing a log.

FERDINAND

There be some sports are painful, and their labour
Delight in them sets off; some kinds of base-
ness
Are nobly undergone, and most poor matters
Point to rich ends. This my mean task
Would be as heavy to me as odious, but
The mistress which I serve quickens what's dead
And makes my labours pleasures. O, she is
Ten times more gentle than her father's crabbed;
And he's compos'd of harshness! I must remove
Some thousands of these logs and pile them up,
Upon a sore injunction. My sweet mistress
Weeps when she sees me work, and says such
baseness
Had never like executor. I forget;

ACTE III

SCÈNE 1

Devant la hutte de Prospéro.
Ferdinand, « portant une bûche ».

FERDINAND

Il est des exercices bien éprouvants
Mais dont pourtant la dureté rehausse
Un plaisir qu'on y trouve ; des abaissements
Que l'on endure sans déchoir ; et d'extrêmes
misères
Qui peuvent enrichir. Cette basse besogne
Me serait aussi accablante qu'odieuse
Si la maîtresse que je sers ne donnait vie
À la mort même, et ne transformait mon
épreuve
En véritables délices. Oh, elle a dix fois plus
De gentillesse que son père n'a de hargne,
Lui qui pourtant est si rude ! Je dois,
C'est l'ordre de celui-ci, impitoyable,
Déplacer, de ces bûches, quelques milliers

But these sweet thoughts do even refresh my labours
Most busiest when I do it.

Enter Miranda; and Prospero, behind, unseen.

MIRANDA

Alas, now pray you
Work not so hard! I would the lightning had
Burnt up those logs that you are enjoin'd to pile!
Pray set it down and rest you. When this burns,
'Twill weep for having wearied you. My father
Is hard at study. Pray now rest yourself.
He's safe for these three hours.

FERDINAND

O most dear mistress,
The sun will set before I shall discharge
What I must strive to do.

MIRANDA

If you'll sit down,
I'll bear your logs the while. Pray give me that.
I'll carry it to the pile.

Pour les empiler, autre part. Mais mon exquise
maîtresse
Pleure, pleure à me voir peiner ainsi,
Et proteste que tâche aussi dégradante
N'a jamais eu si noble ouvrier... Je m'oublie,
Mais ces douces pensées calment mes fatigues
Aux moments les plus exténuants.

Entre Miranda; Prospéro invisible, à quelque distance.

MIRANDA

Oh, je vous en prie,
Ne travaillez pas si dur ! Que je voudrais
Que la foudre ait brûlé toutes ces bûches
Que vous devez empiler ! Asseyez-vous,
Reposez-vous. Ce bois versera des larmes
Quand il sera dans l'âtre, à la pensée
De tant d'efforts qu'il vous aura coûtés,
Et mon père est plongé dans ses livres,
présentement.
Nous n'avons rien à craindre pendant trois heures.
Prenez donc un peu de repos, je vous en conjure !

FERDINAND

Ô ma très chère maîtresse, il fera nuit
Avant que je n'aie pu finir le travail
Qu'il m'est prescrit d'accomplir.

MIRANDA

Asseyez-vous,
Et je vais un moment transporter vos bûches.
Donnez-moi celle-ci,
Je vais la porter sur le tas.

FERDINAND

No, precious creature.
I had rather crack my sinews, break my back,
Than you should such dishonour undergo
While I sit lazy by.

MIRANDA

It would become me
As well as it does you; and I should do it
With much more ease; for my good will is to it,
And yours it is against.

PROSPERO, *aside.*

Poor worm, thou art infected!
This visitation shows it.

MIRANDA

You look wearily.

FERDINAND

No, noble mistress. 'Tis fresh morning with me
When you are by at night. I do beseech you,
Chiefly that I might set it in my prayers,
What is your name?

MIRANDA

Miranda. O my father,
I have broke your hest to say so!

FERDINAND

Admir'd Miranda!
Indeed the top of admiration, worth

FERDINAND

Jamais, créature trop précieuse !
Je me romprais plutôt les muscles, le dos,
Que de vous voir souffrir un tel déshonneur
Quand moi je serais là, à ne rien faire.

MIRANDA

Ce travail ne serait nullement pour moi
Plus inconvenant que pour vous ; mais plus facile
Car je le ferais de grand cœur,
Ce qui n'est pas votre cas.

PROSPÉRO, *à part.*

Te voici bien mordue, mon pauvre petit !
Ton escapade le prouve.

MIRANDA

Vous me semblez si las !

FERDINAND

Pas du tout, ma noble maîtresse : il me suffit
Que vous veniez le soir, et je me sens fort
Comme au petit matin. Mais, par pitié,
Pour qu'il trouve sa place dans mes prières,
Dites-moi votre nom.

MIRANDA

Miranda… Oh, mon père,
J'ai désobéi à ton ordre !

FERDINAND

Miranda admirable ! La cime
De mon pouvoir d'admirer ! Miranda l'égale

What's dearest to the world! Full many a lady
I have ey'd with best regard, and many a time
Th' harmony of their tongues hath into bondage
Brought my too diligent ear; for several virtues
Have I lik'd several women; never any
With so full soul but some defect in her
Did quarrel with the noblest grace she ow'd,
And put it to the foil; but you, O you,
So perfect and so peerless, are created
Of every creature's best!

MIRANDA

I do not know
One of my sex; no woman's face remember,
Save, from my glass, mine own; nor have I seen
More that I may call men than you, good friend,
And my dear father. How features are abroad
I am skilless of; but, by my modesty
(The jewel in my dower), I would not wish
Any companion in the world but you;
Nor can imagination form a shape,
Besides yourself, to like of. But I prattle
Something too wildly, and my father's precepts
I therein do forget.

FERDINAND

I am, in my condition,
A prince, Miranda; I do think, a king
(I would not so!), and would no more endure
This wooden slavery than to suffer
The fleshfly blow my mouth. Hear my soul speak!

De tout ce qui au monde a le plus de prix !
J'ai regardé bien des dames avec faveur,
Et bien des fois mon oreille trop prompte
S'est asservie à la musique de leur voix.
Pour diverses vertus j'ai aimé plusieurs femmes,
Jamais pourtant d'un cœur assez comblé
Pour ne pas voir que tel défaut, tel autre,
En combattaient, en désarmaient la grâce.
Mais vous, mais vous ! Parfaite, incomparable,
Vous êtes faite du meilleur de tous les êtres.

MIRANDA

Je n'en connais aucun autre.
D'aucun visage de femme je n'ai mémoire
Si ce n'est du mien, en miroir. Et je n'ai vu non plus
Aucun être que je puisse nommer un homme
Sauf vous, mon doux ami, et mon cher père.
À quoi ressemble-t-on ailleurs qu'ici,
Je n'en sais rien ; mais ma virginité
En soit témoin, qui est mon seul joyau,
Je ne voudrais d'autre compagnon, dans ce monde,
Que vous ; et je n'imagine aucune figure
Que je puisse aimer, sauf la vôtre… Mais j'ai parlé
Trop impulsivement, et j'en ai oublié
Les prescriptions de mon père.

FERDINAND

De mon état je suis prince, Miranda,
Et je crois même, bien à regret,
Que je suis roi maintenant ; et pas davantage
Fait pour souffrir cette corvée de bois
Que garder sur ma bouche la mouche à viande.

The very instant that I saw you, did
My heart fly to your service; there resides,
To make me slave to it; and for your sake
Am I this patient log-man.

MIRANDA

Do you love me?

FERDINAND

O heaven, O earth, bear witness to this sound,
And crown what I profess with kind event
If I speak true! if hollowly, invert
What best is boded me to mischief! I,
Beyond all limit of what else i' th' world,
Do love, prize, honour you.

MIRANDA

I am a fool
To weep at what I am glad of.

PROSPERO, *aside.*

Fair encounter
Of two most rare affections! Heavens rain grace
On that which breeds between 'em!

FERDINAND

Wherefore weep you?

MIRANDA

At mine unworthiness, that dare not offer
What I desire to give, and much less take

Mais écoute ce que mon âme te déclare.
Dès le premier instant où je t'ai vue
Mon cœur fut à tes pieds. C'est pour te servir
Qu'il m'y retient, ton esclave. Et c'est pour toi
Que je suis ce patient déplaceur de bûches.

MIRANDA

M'aimez-vous donc ?

FERDINAND

Ô ciel, ô terre, soyez témoins de ma parole
Et donnez-lui fortune aussi favorable
Que sa pensée est sincère ! Mentirais-je,
Que meurent mes plus hautes espérances !
Oui, je vous aime, je vous estime, je vous honore
Par-dessus tout ce qui existe au monde.

MIRANDA

Quelle folle je suis !
Pleurer à ce qui me fait tant plaisir !

PROSPÉRO, *à part.*

Belle, heureuse rencontre
De cœurs de la qualité la plus rare !
Puisse le Ciel verser toutes ses grâces
Sur ce qui prend naissance entre ces deux êtres !

FERDINAND

Oh, pourquoi pleures-tu ?

MIRANDA

De mon indignité, qui n'ose offrir
Ce que je souhaite donner, si fort ;

What I shall die to want. But this is trifling;
And all the more it seeks to hide itself,
The bigger bulk it shows. Hence, bashful cunning!
And prompt me plain and holy innocence!
I am your wife, if you will marry me;
If not, I'll die your maid. To be your fellow
You may deny me; but I'll be your servant,
Whether you will or no.

FERDINAND

My mistress, dearest!
And I thus humble ever.

MIRANDA

My husband then?

FERDINAND

Ay, with a heart as willing
As bondage e'er of freedom. Here's my hand.

MIRANDA

And mine, with my heart in't; and now farewell
Till half an hour hence.

FERDINAND

A thousand thousand!

Et qui bien moins encore oserait prendre
Ce dont je périrai si je ne l'ai pas.
Mais sornettes, ces mots !
Plus ils veulent donner le change,
Plus clairement ils avouent ! Ma fausse honte,
Je désavoue ta ruse ; et toi, simple, sainte franchise,
À mon secours ! Voulez-vous m'épouser ?
Je serai votre femme. Et sinon mourrai vierge
Bien qu'à votre service : car vous pouvez
Me dénier d'être votre compagne,
Mais nullement d'être votre servante.

FERDINAND

Servante, non ! maîtresse, oui, vénérée !
Et à tes pieds à jamais, comme ainsi !

Il s'agenouille.

MIRANDA

Mon mari, dans ce cas ?

FERDINAND

D'aussi grand cœur que jamais esclave
Ne s'unit à la liberté. Voici ma main.

MIRANDA

Voici la mienne, et mon cœur avec... Mais à présent
Adieu, pour une demi-heure.

FERDINAND

Un million de fois « au revoir » !

Exeunt Ferdinand and Miranda severally.

PROSPERO

So glad of this as they I cannot be,
Who are surpris'd withal; but my rejoicing
At nothing can be more. I'll to my book;
For yet ere supper time must I perform
Much business appertaining.

Exit.

SCENE 2

Another part of the island.
Enter Caliban, Stephano, and Trinculo.

STEPHANO

Tell not me! When the butt is out, we will drink water; not a drop before. Therefore bear up and board 'em! Servant monster, drink to me.

TRINCULO

Servant monster? The folly of this island! They say there's but five upon this isle. We are three of them. If th' other two be brain'd like us, the state totters.

STEPHANO

Drink, servant monster, when I bid thee. Thy eyes are almost set in thy head.

Ils sortent.

PROSPÉRO

Heureux comme ils le sont, tout à la surprise
D'eux-mêmes, de la vie, je ne puis l'être.
Rien toutefois pour davantage me réjouir...
Soit ! Je retourne à mon livre ! Avant souper
Il me reste beaucoup à mener à bien.

Il sort.

SCÈNE 2

Une autre partie de l'île.
Entrent Caliban, Stéphano et Trinculo.

STÉPHANO

Tu la fermes ! Quand le tonneau sera vide, nous boirons de l'eau mais pas une goutte avant. Ainsi donc, laisse venir, et à l'abordage ! Toi, le monstre de service, bois à ma santé.

TRINCULO

Le monstre de service ! le dingue de l'île ! Il paraît qu'il n'y a que cinq habitants sur l'île, dont nous sommes trois. Si les deux autres ont le cerveau aussi détrempé que nous, l'État va tituber un bon coup.

STÉPHANO

Bois, monstre de service, puisque je te l'ordonne. Tes yeux te sortent de la tête.

TRINCULO

Where should they be set else? He were a brave monster indeed if they were set in his tail.

STEPHANO

My man-monster hath drown'd his tongue in sack. For my part, the sea cannot drown me. I swam, ere I could recover the shore, five-and-thirty leagues off and on, by this light. Thou shalt be my lieutenant, monster, or my standard.

TRINCULO

Your lieutenant, if you list; he's no standard.

STEPHANO

We'll not run, Monsieur Monster.

TRINCULO

Nor go neither; but you'll lie like dogs, and yet say nothing neither.

STEPHANO

Mooncalf, speak once in thy life, if thou beest a good mooncalf.

CALIBAN

How does thy honour? Let me lick thy shoe.
I'll not serve him; he is not valiant.

TRINCULO

D'où pourraient-ils bien lui sortir ? Un fameux monstre, ma parole, s'ils lui sortaient de la queue.

STÉPHANO

Le monstre de service a noyé sa langue dans le madère. Mais moi, la mer elle-même ne peut me noyer. Avant de pouvoir retrouver la côte j'ai bien nagé trente-cinq milles dans un sens ou un autre, j'en jure par la lumière. Monstre, tu seras donc mon lieutenant-monstre, ou bien mon porte-étendard.

TRINCULO

Ton lieutenant. Il ne peut même pas se porter lui-même.

STÉPHANO

Personne n'est là pour nous mettre en fuite, Mossieur Monstre.

TRINCULO

Ni vous faire même bouger. Vous êtes couchés comme des chiens, la langue pendante.

STÉPHANO

Face de lune, parle une fois dans ta vie, si tu n'es pas sot comme la lune.

CALIBAN

Comment se porte Ta Seigneurie ? Laisse-moi lécher ta chaussure. Mais celui-ci, je ne le servirai pas, c'est un lâche.

TRINCULO

Thou liest, most ignorant monster! I am in case to justle a constable. Why, thou debosh'd fish thou, was there ever man a coward that hath drunk so much sack as I to-day? Wilt thou tell a monstrous lie, being but half a fish and half a monster?

CALIBAN

Lo, how he mocks me! Wilt thou let him, my lord?

TRINCULO

"Lord" quoth he? That a monster should be such a natural!

CALIBAN

Lo, lo, again! Bite him to death I prithee.

STEPHANO

Trinculo, keep a good tongue in your head. If you prove a mutineer — the next tree! The poor monster's my subject, and he shall not suffer indignity.

CALIBAN

I thank my noble lord. Wilt thou be pleas'd
To hearken once again to the suit I made to thee?

TRINCULO

Tu mens, monstre parfaitement ignare, je me sens prêt à défoncer un gendarme. Dis-moi, poisson que tu es, mais plus encore pécheur, et devant l'Éternel, as-tu jamais vu se dégonfler quelqu'un qui se soit empli d'autant de madère que je l'ai fait aujourd'hui ? Vas-tu faire un mensonge aussi monstrueux, sous prétexte que tu es moitié poisson, moitié monstre ?

CALIBAN

Oh, comme il se moque de moi ! Vas-tu le laisser faire, mon prince ?

TRINCULO

Prince, qu'il dit ! Il est nature, ce monstre.

CALIBAN

Oh, oh, encore ! Mords-le à mort, je t'en prie !

STÉPHANO

Trinculo, tiens ta langue ! Si tu veux te mutiner, tu es bon pour la branche la plus proche. Ce pauvre monstre est mon sujet, et il ne lui sera fait aucun affront.

CALIBAN

Mon grand prince, merci ! Mais vas-tu avoir la bonté
D'écouter une fois encore ma supplique ?

STEPHANO

Marry, will I. Kneel and repeat it; I will stand, and so shall Trinculo.

Enter Ariel, invisible.

CALIBAN

As I told thee before, I am subject to a tyrant,
A sorcerer, that by his cunning hath
Cheated me of the island.

ARIEL

Thou liest.

CALIBAN

Thou liest, thou jesting monkey thou!
I would my valiant master would destroy thee.
I do not lie.

STEPHANO

Trinculo, if you trouble him any more in 's tale, by this hand, I will supplant some of your teeth.

TRINCULO

Why, I said nothing.

STEPHANO

Mum then, and no more. — Proceed.

STÉPHANO

Bien volontiers. Agenouille-toi et répète. Moi, je suis debout, et Trinculo même chose.

Entre Ariel, invisible.

CALIBAN

Comme je te disais, je suis l'esclave
D'un tyran, d'un sorcier qui, par sa ruse,
M'a dépossédé de cette île.

ARIEL

Mensonge !

CALIBAN, *à Trinculo.*

Mensonge ? C'est toi qui mens, pitre de singe !
Je voudrais que mon vaillant maître t'extermine.
Je ne mens pas.

STÉPHANO

Trinculo, si tu le déranges encore dans son histoire, tu vois cette main, elle va te déranger quelques dents.

TRINCULO

Quoi, je n'ai rien dit !

STÉPHANO

Alors, rumine, mais plus un mot. *(À Caliban)* Continue.

CALIBAN

I say by sorcery he got this isle;
From me he got it. If thy greatness will
Revenge it on him — for I know thou dar'st,
But this thing dare not —

STEPHANO

That's most certain.

CALIBAN

Thou shalt be lord of it, and I'll serve thee.

STEPHANO

How now shall this be compass'd?
Canst thou bring me to the party?

CALIBAN

Yea, yea, my lord! I'll yield him thee asleep,
Where thou mayst knock a nail into his head.

ARIEL

Thou liest; thou canst not.

CALIBAN

What a pied ninny's this! Thou scurvy patch!
I do beseech thy greatness give him blows
And take his bottle from him. When that's gone,
He shall drink naught but brine, for I'll not show
him
Where the quick freshes are.

CALIBAN

Je disais qu'il a pris cette île par magie,
Et que c'est à moi qu'il l'a prise. Si Ta Grandeur
Consent à me venger de lui — toi, tu l'oserais,
Je le sais, mais pas celui-ci…

STÉPHANO

Tu as bien raison.

CALIBAN

… Tu en serais le maître et c'est toi, c'est toi que je servirais.

STÉPHANO

Oui, mais comment pourrait-on s'y prendre ? Peux-tu me conduire à l'intéressé ?

CALIBAN

Oui, mon prince. Je te le livrerai pendant qu'il dort.
Tu pourras lui planter un clou dans la tête.

ARIEL

Mensonge ! Tu ne le peux.

CALIBAN

Encore ce crétin, ce clown peinturluré !
J'en supplie Ta Grandeur,
Cogne-le et prends sa bouteille. Après ça,
Il faudra bien qu'il boive de l'eau salée
Car je ne lui montrerai pas où sont les sources.

STEPHANO

Trinculo, run into no further danger. Interrupt the monster one word further and, by this hand, I'll turn my mercy out o' doors and make a stock-fish of thee.

TRINCULO

Why, what did I? I did nothing. I'll go farther off.

STEPHANO

Didst thou not say he lied?

ARIEL

Thou liest.

STEPHANO

Do I so? Take thou that! *(Strikes Trinculo.)* As you like this, give me the lie another time.

TRINCULO

I did not give thee the lie. Out o' your wits, and hearing too? A pox o' your bottle! This can sack and drinking do. A murrain on your monster, and the devil take your fingers!

CALIBAN

Ha, ha, ha!

STEPHANO

Now forward with your tale. — Prithee stand further off.

STÉPHANO

Trinculo, c'est mon dernier avertissement. Si tu interromps le monstre d'un mot de plus, cette main que tu vois montre la porte à ma charité et t'aplatit comme une morue.

TRINCULO

Mais qu'ai-je fait ? Je n'ai rien fait ! Je m'écarte.

STÉPHANO

N'as-tu pas dit qu'il mentait ?

ARIEL

Mensonge !

STÉPHANO

Je mens ? Attrape ça ! Si c'est ce qui te plaît, dis-le encore, que je mens.

TRINCULO

Je ne te dirai pas que tu mens, mais que tu as perdu la tête et entends tout de travers. La peste de ta bouteille ! Voilà ce que produit le madère chez les ivrognes. Que la vérole emporte ton monstre et le diable tes sales doigts !

CALIBAN

Ha ha ha !

STÉPHANO

Bon, continue avec ton histoire. *(À Trinculo)* S'il te plaît, tu recules.

CALIBAN

Beat him enough. After a little time
I'll beat him too.

STEPHANO

Stand farther. — Come, proceed.

CALIBAN

Why, as I told thee, 'tis a custom with him
I' th' afternoon to sleep. There thou mayst brain
him,
Having first seiz'd his books, or with a log
Batter his skull, or paunch him with a stake,
Or cut his wesand with thy knife. Remember
First to possess his books; for without them
He's but a sot, as I am, nor hath not
One spirit to command. They all do hate him
As rootedly as I. Burn but his books.
He has brave utensils (for so he calls them)
Which, when he has a house, he'll deck withal.
And that most deeply to consider is
The beauty of his daughter. He himself
Calls her a nonpareil. I never saw a woman
But only Sycorax my dam and she;
But she as far surpasseth Sycorax
As great'st does least.

STEPHANO

Is it so brave a lass?

CALIBAN

Cogne-le comme il faut. Bientôt
Je le battrai moi aussi.

STÉPHANO

Recule ! et toi, continue.

CALIBAN

Oui, je te le disais, c'est son habitude
De dormir, dans l'après-midi ; et c'est donc le moment
Où tu pourrais lui broyer la cervelle.
Mais après avoir pris ses livres ! Si tu préfères
Tu peux lui défoncer le crâne avec une bûche,
Ou l'éventrer avec un épieu, ou lui couper le sifflet
D'un coup de ton couteau. Mais n'oublie pas
De t'emparer d'abord de ses livres. Sans eux
Il ne serait qu'un pauvre type, comme je suis,
Aucun esprit ne lui obéirait, — tous le haïssent
Autant que moi, viscéralement. Brûle ses livres,
Mais rien de plus ! Car il a de beaux ustensiles,
Comme il dit, dont il veut décorer sa maison
Lorsqu'il en aura une. Et surtout, considère
La beauté de sa fille, qu'il dit lui-même
Incomparable. Je n'ai jamais vu d'autre femme
Que Sycorax, ma mère, et celle-ci.
Mais Sycorax n'était rien auprès de tant d'excellence.

STÉPHANO

C'est donc un beau brin de fille ?

CALIBAN

Ay, lord. She will become thy bed, I warrant,
And bring thee forth brave brood.

STEPHANO

Monster, I will kill this man. His daughter and I will be king and queen, save our Graces! and Trinculo and thyself shall be viceroys. Dost thou like the plot, Trinculo?

TRINCULO

Excellent.

STEPHANO

Give me thy hand. I am sorry I beat thee; but while thou liv'st, keep a good tongue in thy head.

CALIBAN

Within this half hour will he be asleep. Wilt thou destroy him then?

STEPHANO

Ay, on mine honour.

ARIEL

This will I tell my master.

CALIBAN

Thou mak'st me merry; I am full of pleasure.
Let us be jocund. Will you troll the catch
You taught me but whilere?

CALIBAN

Ah, mon prince, elle fera dans ton lit
Belle figure, je te la garantis,
Et tu en auras des enfants superbes.

STÉPHANO

Monstre, je vais tuer cet homme. Sa fille et moi serons le roi et la reine — vivent Nos Majestés ! — et Trinculo et toi-même serez nos vice-rois. Ce plan te convient-il, Trinculo ?

TRINCULO

À merveille !

STÉPHANO

Serrons-nous la main. Je regrette de t'avoir frappé. Mais pour les années qui te restent apprends à tenir ta langue.

CALIBAN

Dans moins d'une demi-heure il va dormir.
Vas-tu bien le tuer ?

STÉPHANO

Oui, sur mon honneur.

ARIEL

Cela, je vais le dire à mon maître.

CALIBAN

Que tu me rends joyeux ! Je n'en puis plus de plaisir.
Réjouissons-nous ! Veux-tu me chanter la cadence
Que tu m'enseignais tout à l'heure ?

STEPHANO

At thy request, monster, I will do reason, any reason. Come on, Trinculo, let us sing.

Sings.

Flout 'em and scout 'em
And scout 'em and flout 'em!
Thought is free.

CALIBAN

That's not the tune.

Ariel plays the tune on a tabor and pipe.

STEPHANO

What is this same?

TRINCULO

This is the tune of our catch, play'd by the picture of No-body.

STEPHANO

If thou beest a man, show thyself in thy likeness. If thou beest a devil, take't as thou list.

TRINCULO

O, forgive me my sins!

STEPHANO

He that dies pays all debts. I defy thee. Mercy upon us!

STÉPHANO

À ta requête, monstre, je ferais tout ce qui est raisonnable, tout ! Allons, Trinculo, nous chantons.

Ils chantent.

Qu'on les trompe, qu'on les pompe,
Qu'on s'en moque et tout et tout.
Vive la pensée libre !

CALIBAN

Ce n'est pas l'air.

Ariel joue l'air sur un tambourin et un pipeau.

STÉPHANO

Mais cela, qu'est-ce que c'est ?

TRINCULO

C'est l'air de notre chanson joué par le Non-être en personne.

STÉPHANO

Si tu es un homme, montre-toi et fais voir comment tu es ! Si tu es un démon, tu prends l'aspect que tu veux.

TRINCULO

Pardon pour mes péchés !

STÉPHANO

Qui meurt a réglé ses dettes. Je te défie ! Ah, pitié de nous !

CALIBAN

Art thou afeard?

STEPHANO

No, monster, not I.

CALIBAN

Be not afeard. The isle is full of noises,
Sounds and sweet airs that give delight and hurt not.
Sometimes a thousand twangling instruments
Will hum about mine ears; and sometime voices
That, if I then had wak'd after long sleep,
Will make me sleep again; and then, in dreaming,
The clouds methought would open and show riches
Ready to drop upon me, that, when I wak'd,
I cried to dream again.

STEPHANO

This will prove a brave kingdom to me, where I shall have my music for nothing.

CALIBAN

When Prospero is destroy'd.

STEPHANO

That shall be by-and-by. I remember the story.

CALIBAN

As-tu peur ?

STÉPHANO

Moi, monstre ? Non.

CALIBAN

Sois sans crainte ! L'île est pleine de bruits,
De sons et d'airs mélodieux, qui enchantent
Et ne font pas de mal. C'est quelquefois
Comme mille instruments qui retentissent
Ou simplement bourdonnent à mes oreilles,
Et d'autres fois ce sont des voix qui, fussé-je alors
À m'éveiller après un long sommeil,
M'endorment à nouveau ; — et dans mon rêve
Je crois que le ciel s'ouvre ; que ses richesses
Vont se répandre sur moi... À mon réveil,
J'ai bien souvent pleuré, voulant rêver encore.

STÉPHANO

Cela va me faire un fameux royaume : j'aurai des orchestres sans les payer.

CALIBAN

Quand Prospéro sera mort !

STÉPHANO

Cela ne va pas tarder. Je me souviens de ce que tu m'as dit.

TRINCULO

The sound is going away. Let's follow it, and after do our work.

STEPHANO

Lead, monster; we'll follow. I would I could see this taborer! He lays it on. Wilt come?

TRINCULO

I'll follow, Stephano.

Exeunt.

SCENE 3

Another part of the island.
Enter Alonso, Sebastian, Antonio, Gonzalo, Adrian, Francisco, etc.

GONZALO

By'r Lakin, I can go no further, sir!
My old bones ache. Here's a maze trod indeed
Through forthrights and meanders. By your patience,
I needs must rest me.

ALONSO

Old lord, I cannot blame thee,
Who am myself attach'd with weariness

TRINCULO

Le son s'éloigne. Suivons-le, nous ferons ensuite notre besogne.

STÉPHANO

Passe devant, monstre ; nous te suivons. Je voudrais bien le voir, l'homme au tambourin. Ce qu'il s'active !

TRINCULO

Viens-tu ? Je te suis, Stéphano.

Ils sortent.

SCÈNE 3

Une autre partie de l'île.
Entrent Alonso, Sébastien, Antonio, Gonzalo, Adrien, Francisco, etc.

GONZALO

Sainte Vierge, je ne puis plus avancer.
Mes vieux os souffrent, mon roi. Dans quel labyrinthe
Nous perdons-nous, par ces voies droites ou ces méandres !
Ne vous déplaise,
Il faut absolument que je me repose.

ALONSO

Comment pourrais-je te blâmer, toi qui es vieux,
Quand moi-même je suis recru de fatigue

To th' dulling of my spirits. Sit down and rest.
Even here I will put off my hope, and keep it
No longer for my flatterer. He is drown'd
Whom thus we stray to find; and the sea mocks
Our frustrate search on land. Well, let him go.

ANTONIO, *aside to Sebastian.*

I am right glad that he's so out of hope.
Do not for one repulse forgo the purpose
That you resolv'd t' effect.

SEBASTIAN, *aside to Antonio.*

The next advantage
Will we take throughly.

ANTONIO, *aside to Sebastian.*

Let it be to-night;
For, now they are oppress' d with travel, they
Will not nor cannot use such vigilance
As when they are fresh.

SEBASTIAN, *aside to Antonio.*

I say to-night. No more.

Solemn and strange music; and Prospero on the top (invisible).

À en être hébété. Assieds-toi et repose-toi.
Et d'ailleurs, ici même, j'abandonne
Tout espoir. Ce flatteur, je le congédie. Mon fils
Est bien noyé, que nous cherchons partout,
La mer se rit de notre vaine quête en terre ferme.
Soit ! Renonçons à lui !

ANTONIO, *à Sébastien.*

Je suis ravi qu'il soit si désespéré.
Vous, ne renoncez pas à votre dessein
À cause de cet échec.

SÉBASTIEN, *à part, à Antonio.*

Non, il nous faut sauter
Sur la prochaine occasion.

ANTONIO, *à part, à Sébastien.*

Que ce soit donc ce soir !
Accablés comme ils sont par cette marche,
Ils n'auront plus la force, ni même la pensée
De rester sur leur garde.

SÉBASTIEN, *à part, à Antonio.*

Ce soir, d'accord. Pas un mot de plus.

Étrange, solennelle musique. Dans les hauteurs, Prospéro invisible. Entrent plusieurs Formes singulières, qui apportent les éléments d'un banquet. Elles dansent autour de la table avec de gracieux saluts puis se retirent après avoir invité le roi et sa compagnie à se nourrir.

ALONSO

What harmony is this? My good friends, hark!

GONZALO

Marvellous sweet music!

Enter several strange Shapes, bringing in a banquet; and dance about it with gentle actions of salutations; and, inviting the King etc. to eat, they depart.

ALONSO

Give us kind keepers, heavens! What were these?

SEBASTIAN

A living drollery. Now I will believe
That there are unicorns; that in Arabia
There is one tree, the phœnix' throne; one phœnix
At this hour reigning there.

ANTONIO

I'll believe both;
And what does else want credit, come to me,
And I'll be sworn 'tis true. Travellers ne'er did lie,
Though fools at home condemn 'em.

GONZALO

If in Naples
I should report this now, would they believe me?
If I should say, I saw such islanders

ALONSO

Qu'est-ce que cette musique ? Écoutez, mes amis !

GONZALO

Merveilleuse, délicieuse musique !

ALONSO

Ciel, que tes anges nous assistent ! Que sont ces êtres ?

SÉBASTIEN

Drôles de marionnettes ! Vivantes !
Je ne douterai plus, maintenant,
Qu'existent des licornes ; qu'en Arabie
Un arbre soit le trône de Phénix ;
Et qu'un Phénix y règne en ce moment même.

ANTONIO

Je croirai tout cela ;
Et si d'autres rapports réclament créance,
Qu'on vienne à moi, j'en serai le garant !
Les voyageurs n'ont jamais menti,
Quoi qu'en disent les sots qui restent chez eux.

GONZALO

Si j'allais dire à Naples
La merveille de cet instant, me croirait-on ?
Oui, si je disais que ces insulaires,

(For certes these are people of the island),
Who, though they are of monstrous shape, yet, note,
Their manners are more gentle, kind, than of
Our human generation you shall find
Many — nay, almost any.

PROSPERO, *aside.*

Honest lord,
Thou hast said well; for some of you there present
Are worse than devils.

ALONSO

I cannot too much muse
Such shapes, such gesture, and such sound, expressing
(Although they want the use of tongue) a kind
Of excellent dumb discourse.

PROSPERO, *aside.*

Praise in departing.

FRANCISCO

They vanish'd strangely.

SEBASTIAN

No matter, since
They have left their viands behind; for we have stomachs.
Will't please you taste of what is here?

Car en voilà, je n'en puis douter,
Ont, aussi fantastique soit leur figure,
Des manières bien plus courtoises
Que celles de beaucoup parmi nos proches,
Sinon même de presque tous !

PROSPÉRO, *en aparté.*

Honnête Gonzalo,
Tu parles d'or : car certains parmi vous
Sont pires que des diables.

ALONSO

Je n'ai pas de mots
Pour dire mon émerveillement. Ces formes, ces gestes,
Cette expressivité de la musique !
Ils n'ont pas l'usage de la parole,
Mais leur discours muet n'en est pas moins admirable.

PROSPÉRO, *en aparté.*

Attendez pour juger.

FRANCISCO

Ils se sont volatilisés d'étrange façon.

SÉBASTIEN

Bien peu importe
Puisqu'ils nous ont laissé leurs provisions !
Nous avons faim.
Vous plaît-il de goûter de ces choses-là ?

ALONSO

Not I.

GONZALO

Faith, sir, you need not fear. When we were boys,
Who would believe that there were mountaineers
Dewlapp'd like bulls, whose throats had hanging at 'em
Wallets of flesh? or that there were such men
Whose heads stood in their breasts? which now we find
Each putter-out of five for one will bring us
Good warrant of.

ALONSO

I will stand to, and feed;
Although my last, no matter, since I feel
The best is past. Brother, my lord the Duke,
Stand to, and do as we.

Thunder and lightning. Enter Ariel, like a harpy; claps his wings upon the table; and with a quaint device the banquet vanishes.

ARIEL

You are three men of sin, whom destiny —
That hath to instrument this lower world
And what is in't — the never-surfeited sea
hath caus'd to belch up you, and on this island,

ALONSO

Non, merci.

GONZALO

Sire, vous n'avez rien à craindre.
Quand nous étions enfants, qui aurait cru
Qu'habitent dans des montagnes ces créatures
Qui ont bajoues de taureau, et des chairs
Qui pendent comme des bourses sous leur
menton ?
Et ces autres qui ont la tête plantée
Sur l'estomac ! Mais aujourd'hui le moindre
assureur
Qui vous offre du cinq contre un sur le voyage
Vous les garantira.

ALONSO

Je vais m'attabler, manger,
Même si c'est pour la dernière fois. Qu'importe !
Le meilleur de ma vie est derrière moi,
Je le sens bien. Monsieur le duc, mon frère,
Venez vous mettre à table comme nous.

« Tonnerre, éclairs. Entre Ariel, en harpie ; il frappe de ses ailes la table et, par l'effet d'une ingénieuse machine, le banquet disparaît. »

ARIEL

Vous êtes trois mauvais hommes, que le destin,
Qui emploie à ses fins le monde et ceux qui y
vivent,
A fait vomir, par la mer pourtant insatiable,

Where man doth not inhabit — you 'mongst men
Being most unfit to live. I have made you mad;
And even with such-like valour men hang and
drown
Their proper selves.

Alonso, Sebastian, etc., draw their swords.

You fools! I and my fellows
Are ministers of Fate. The elements,
Of whom your swords are temper'd, may as well
Wound the loud winds, or with bemock'd-at stabs
Kill the still-closing waters, as diminish
One dowle that's in my plume. My fellow ministers
Are like invulnerable. If you could hurt,
Your swords are now too massy for your strengths
And will not be uplifted. But remember
(For that's my business to you) that you three
From Milan did supplant good Prospero;
Expos'd unto the sea, which hath requit it,
Him and his innocent child; for which foul deed
The powers, delaying (not forgetting), have
Incens'd the seas and shores, yea, all the creatures,
Against your peace. Thee of thy son, Alonso,
They have bereft; and do pronounce by me
Ling'ring perdition (worse than any death
Can be at once) shall step by step attend
You and your ways; whose wraths to guard you
from,
Which here, in this most desolate isle, else falls
Upon your heads, is nothing but heart's sorrow
And a clear life ensuing.

Sur cette île où ne vit nul autre être humain :
Vous en seriez les voisins trop indignes.

Tous tirent leurs épées, mais sont immobilisés par un charme.

Folie votre fureur, que je suscite !
C'est avec cette sorte de faux courage
Que des hommes se pendent ou se noient.
Imbéciles ! Moi et mes compagnons
Sommes votre destin. Les éléments
Dont vos épées furent forgées blesseraient plus vite
Les ouragans ; leurs bottes ridicules
Tueraient plus promptement l'eau toujours close
Qu'ils ne prendraient à mon aile une plume.
Et mes amis sont tout autant invulnérables.
Puisque, aviez-vous les moyens de frapper,
En tout cas, vos épées, les voici trop lourdes
Pour votre peu de force : essayez de les soulever !
Ou plutôt, car c'est là ce que j'ai à dire,
Souvenez-vous ! C'est vous trois qui avez
Évincé de Milan le noble Prospéro,
L'exposant sur la mer, qui l'a bien vengé,
Lui et son innocente enfant : tant les puissances
Qui sursoient quelquefois mais n'oublient jamais
Ont enflammé contre vous la colère,
Des mers et des rivages, et de toute vie.
Alonso, c'est d'abord ton fils qu'elles t'ont pris,
Et maintenant elles édictent par ma voix
La lente dégradation qui, pire que la mort
Qui, elle, vient d'un coup, va tout te prendre

He vanishes in thunder; then, to soft music, enter the Shapes again, and dance, with mocks and mows, and carrying out the table.

PROSPERO, *aside.*

Bravely the figure of this harpy hast thou
Perform'd, my Ariel; a grace it had, devouring.
Of my instruction hast thou nothing bated
In what thou hadst to say. So, with good life
And observation strange, my meaner ministers
Their several kinds have done. My high charms
  work,
And these, mine enemies, are all knit up
In their distractions. They now are in my pow'r;
And in these fits I leave them, while I visit
Young Ferdinand, whom they suppose is drown'd,
And his and mine lov'd darling.

Exit above.

Et pas à pas te suivre : malédiction
Dont tu ne peux te garder — dans cette île
De toutes les douleurs, où sur vos têtes
Elle risque de fondre — que par la contrition,
Celle qui naît du chagrin du cœur
Et d'une vie ensuite tout à fait pure.

Il disparaît, dans un roulement de tonnerre. Puis, au sein d'une douce musique, reparaissent les Formes. Elles dansent, avec des gestes de moquerie, des grimaces, et emportent la table.

PROSPÉRO, *à part.*

Tu as tenu ton rôle
À la perfection, mon Ariel. Quelle grâce, cette harpie,
Quand elle a fait table rase ! De plus,
Tu n'as rien négligé de mes instructions
Dans ton discours. Et avec quel entrain, quel naturel
Et quel zèle, étonnant, mes moindres ministres
Ont eux-mêmes rempli leurs tâches respectives !
Ma haute science opère et mes ennemis,
Tout empêtré, chacun, dans sa folie,
Sont bien en mon pouvoir. Toutefois, laissons-les
Pour l'heure, à ces accès de leur déraison.
Je vais faire visite
Au jeune Ferdinand, qu'ils pensent noyé,
Et à sa bien-aimée, qui m'est si chère.

Il sort.

GONZALO

I' th' name of something holy, sir, why stand you
In this strange stare?

ALONSO

O, it is monstrous, monstrous!
Methought the billows spoke and told me of it;
The winds did sing it to me; and the thunder,
That deep and dreadful organ pipe, pronounc'd
The name of Prosper. It did bass my trespass.
Therefore my son i' th' ooze is bedded; and
I'll seek him deeper than e'er plummet sounded
And with him there lie mudded.

Exit.

SEBASTIAN

But one fiend at a time,
I'll fight their legions o'er!

ANTONIO

I'll be thy second.

Exeunt Sebastian and Antonio.

GONZALO

All three of them are desperate. Their great guilt,
Like poison given to work a great time after,
Now gins to bite the spirits. I do beseech you,
That are of suppler joints, follow them swiftly

GONZALO

Sire ! Par tout ce qui est saint,
Pourquoi cette stupeur, ce regard étrange ?

ALONSO

Oh, ce fut, comment dire ? surnaturel. Il m'a paru
Que c'étaient les flots mêmes qui parlaient,
Qui me parlaient. Et que les vents aussi,
Avec leur sifflement, et que le tonnerre,
Avec son bruit d'orgue sombre et terrible,
Tous m'accusaient, tous prononçaient le nom de
Prospéro.
La basse du tonnerre orchestrait ma faute.
Celle pourquoi mon fils gît dans la vase.
Mais j'irai le chercher plus profond que les sondes,
Et je me coucherai dans la même boue.

Il sort.

SÉBASTIEN

Démons ! Présentez-vous seulement l'un après l'autre ! Et vos légions, je les anéantirai.

ANTONIO

Je te seconderai.

Ils sortent.

GONZALO

Tous les trois sont au désespoir. Leur faute,
Comme un poison dont l'effet prend du temps,
Commence à dévaster leur force vitale.
Je vous en prie, vous qui avez des jambes,

And hinder them from what this ecstasy
May now provoke them to.

ADRIAN

Follow, I pray you.

Exeunt omnes.

Suivez-les promptement, préservez-les
Contre les tentations de leur délire.

ADRIEN

Suivez-moi, s'il vous plaît.

Ils sortent.

ACT IV

SCENE 1

Before Prospero's cell.
Enter Prospero, Ferdinand, and Miranda.

PROSPERO

If I have too austerely punish'd you,
Your compensation makes amends; for I
Have given you here a third of mine own life,
Or that for which I live; who once again
I tender to thy hand. All thy vexations
Were but my trials of thy love, and thou
Hast strangely stood the test. Here, afore heaven,
I ratify this my rich gift. O Ferdinand,
Do not smile at me that I boast her off,
For thou shalt find she will outstrip all praise
And make it halt behind her.

FERDINAND

I do believe it
Against an oracle.

ACTE IV

SCÈNE 1

Devant la hutte de Prospéro.
Entrent Prospéro, Ferdinand et Miranda.

PROSPÉRO

Si je t'ai châtié avec trop de rigueur,
Te voici bien dédommagé ! Car moi,
C'est un tiers de ma vie que je te donne,
Sinon sa raison d'être : bien, reçois-la
De mes mains, à nouveau. Toutes ces vexations
N'étaient que pour sonder ton amour, et tu as
Supporté l'épreuve à merveille. Devant le Ciel
Je te confirme donc mon précieux présent.
Oh, Ferdinand,
Ne souris pas que j'aie tant de fierté d'elle !
Tu le découvriras, Miranda passe toutes louanges,
Sa perfection les essouffle.

FERDINAND

J'en suis certain ! La parole des dieux
Ne m'en ferait pas démordre.

PROSPERO

Then, as my gift, and thine own acquisition
Worthily purchas'd, take my daughter. But
If thou dost break her virgin-knot before
All sanctimonious ceremonies may
With full and holy rite be minist'red,
No sweet aspersion shall the heavens let fall
To make this contract grow; but barren hate,
Sour-ey'd disdain, and discord shall bestrew
The union of your bed with weeds so loathly
That you shall hate it both. Therefore take heed,
As Hymen's lamp shall light you!

FERDINAND

As I hope
For quiet days, fair issue, and long life,
With such love as 'tis now, the murkiest den,
The most opportune place, the strong'st suggestion
Our worser genius can, shall never melt
Mine honour into lust, to take away
The edge of that day's celebration
When I shall think or Phœbus' steeds are foun-
der'd
Or Night kept chain'd below.

PROSPERO

Fairly spoke.
Sit then and talk with her; she is thine own.
What, Ariel! my industrious servant, Ariel!

PROSPÉRO

Eh bien, prends-moi ma fille, comme le don
Que je te fais, mais aussi la conquête
Que ta valeur t'a permise. Mais sache bien
Que si tu dénouais son nœud virginal
Avant que tous les rites qui consacrent
N'aient été accomplis, scrupuleusement,
Aucune des douces pluies que répand la Grâce
Ne fertiliserait votre union. La haine, si stérile,
Le regard aigre du mépris, de la discorde
Joncheraient votre couche de ces herbes
Puantes, que vous haïriez, l'un comme l'autre.
Sois donc bien sur tes gardes, maintenant
Que les torches d'Hymen vous illuminent.

FERDINAND

Aussi vrai que j'espère
Des jours paisibles, de beaux enfants, une longue vie
Et un amour qui soit à jamais le même,
Aussi vrai la caverne la plus obscure,
L'occasion la plus favorable aux pires invites
De ce mauvais génie qui est en nous,
Ne souilleront mon honneur de luxure
Ni n'éteindront l'ardeur de ce grand jour
Où j'en viendrai à croire que l'attelage
Du soleil est fourbu, et traîne les pieds,
Ou que la nuit est enchaînée sous terre.

PROSPÉRO

Voilà qui est bien dit.
Et je te laisse donc assis auprès d'elle
À deviser : Miranda est tienne… Ariel, Ariel,
Mon zélé serviteur !

Enter Ariel.

ARIEL

What would my potent master? Here I am.

PROSPERO

Thou and thy meaner fellows your last service
Did worthily perform; and I must use you
In such another trick. Go bring the rabble,
O'er whom I give thee pow'r, here to this place.
Incite them to quick motion; for I must
Bestow upon the eyes of this young couple
Some vanity of mine art. It is my promise,
And they expect it from me.

ARIEL

Presently?

PROSPERO

Ay, with a twink.

ARIEL

Before you can say "Come" and "Go",
And breathe twice and cry, "So, so",
Each one, tripping on his toe,
Will be here with mop and mow.
Do you love me, master? No?

Entre Ariel.

ARIEL

Que désire mon maître tout-puissant ?
Me voici.

PROSPÉRO

Toi et ceux qui t'assistent, mon Ariel,
Vous avez accompli fort bien vos dernières tâches
Et je vais donc encore vous demander
Un tour de même sorte ; va me chercher,
Je te donne sur elle tout pouvoir,
Et rassemble ici même, rapidement,
Toute la troupe… Je dois déployer, en effet,
Sous les regards de ce jeune couple,
Quelques-uns de ces riens que mon Art permet.
C'est ma promesse, ils attendent cela de moi.

ARIEL

Sur-le-champ ?

PROSPÉRO

Le temps de cligner des yeux.

ARIEL

Tu n'auras pas dit : « Viens » ou « Va »
Et respiré par deux fois
Et déclaré : « oui, ça va »
Que chacun d'eux sera là
Sur la pointe d'un entrechat
À grimacer comme un… singe.
M'aimes-tu, mon maître ? Ou bien pas ?

PROSPERO

Dearly, my delicate Ariel. Do not approach
Till thou dost hear me call.

ARIEL

Well! I conceive.

Exit.

PROSPERO

Look thou be true. Do not give dalliance
Too much the rein. The strongest oaths are straw
To th' fire i' th' blood. Be more abstemious,
Or else good night your vow!

FERDINAND

I warrant you, sir.
The white cold virgin snow upon my heart
Abates the ardour of my liver.

PROSPERO

Well.
Now come, my Ariel! Bring a corollary
Rather than want a spirit. Appear, and pertly!
No tongue! All eyes! Be silent.

Soft music.
Enter Iris.

PROSPÉRO

Tendrement, mon gracieux Ariel.
Reste à l'écart, attends que je t'appelle.

ARIEL

Bon. J'ai compris.

Il sort.

PROSPÉRO, *à Ferdinand.*

Et toi, veille à tenir parole ! Aux mots d'amour
Ne lâche pas la bride ! Les serments les plus
solennels
Sont de paille quand le sang brûle.
De la réserve ! ou bonne nuit, le vœu !

FERDINAND

Monsieur, je vous assure
Que sa virginité, comme une neige fraîche,
Emplit mon cœur et modère mes sens.

PROSPÉRO

Bien, bien.
Et maintenant, à toi, mon Ariel !
Aie plutôt un excès d'esprit que le contraire.
Découvre qui tu es, sois espiègle !

Douce musique.

Et plus un mot ! Tout pour les yeux ! Silence !

Entre Iris.

IRIS

Ceres, most bounteous lady, thy rich leas
Of wheat, rye, barley, fetches, oats, and pease;
Thy turfy mountains, where live nibbling sheep,
And flat meads thatch'd with stover, them to keep;
Thy banks with pioned and twilled brims,
Which spongy April at thy hest betrims
To make cold nymphs chaste crowns; and thy broom groves,
Whose shadow the dismissed bachelor loves,
Being lasslorn; thy pole-clipt vineyard;
And thy sea-marge, sterile and rocky-hard,
Where thou thyself dost air — the queen o' th' sky,
Whose wat'ry arch and messenger am I,
Bids thee leave these, and with her sovereign grace,
Here on this grass-plot, in this very place,
To come and sport. Her peacocks fly amain.
Approach, rich Ceres, her to entertain.

Enter Ceres.

CERES

Hail, many-coloured messenger, that ne'er
Dost disobey the wife of Jupiter,
Who, with thy saffron wings, upon my flow'rs
Diffusest honey drops, refreshing show'rs,
And with each end of thy blue bow dost crown
My bosky acres and my unshrubb'd down,
Rich scarf to my proud earth — why hath thy queen
Summon'd me hither to this short-grass'd green?

IRIS

Opulente Cérès, aux riches moissons
De blé, de seigle, d'avoine, d'orge, de son,
Tes montagnes d'herbage où les brebis nagent,
Tes prairies parfaites pour le fourrage,
Tes berges tressées de soucis, de joncs
Dont l'humide avril, dès que tu l'ordonnes,
À nymphe transie fait chaste couronne,
Tes bois où se plaît, parmi les bruyères,
L'amour bafoué des célibataires,
Tes vignes qui grimpent en espaliers,
Tes grèves stériles, si dures pour les pieds,
Où tu aimes pourtant prendre un peu l'air frais,
Écoute ! la souveraine des nuées,
Dont sur mon arche d'eau je suis l'envoyée,
Te dit : n'y pense plus, et viens sur ce gazon
Avec Sa Majesté faire quelques bonds.

Paraît le char de Junon.

Vois ses paons qui arrivent, à toute vitesse !
Riche Cérès, viens lui faire tes politesses !

Entre Cérès.

CÉRÈS

Salut, ambassadrice polychrome
Et si docile ! de l'épouse du dieu du ciel,
Toi dont l'aile safran fait sur mes pommes
Tomber tantôt des douches, tantôt du miel,
Et gardes enrobées dans ton arche mauve
Mes parties chevelues aussi bien que les chauves,
Quelle écharpe superbe, et dont je suis vaine !
Mais dis-moi, pourquoi diable notre reine
M'a-t-elle convoquée, sur ce gazon ras ?

IRIS

A contract of true love to celebrate
And some donation freely to estate
On the bless'd lovers.

CERES

Tell me, heavenly bow,
If Venus or her son, as thou dost know,
Do now attend the Queen. Since they did plot
The means that dusky Dis my daughter got,
Her and her blind boy's scandal'd company
I have forsworn.

IRIS

Of her society
Be not afraid. I met her Deity
Cutting the clouds towards Paphos, and her son
Dove-drawn with her. Here thought they to have
done
Some wanton charm upon this man and maid,
Whose vows are, that no bed-right shall be paid
Till Hymen's torch be lighted; but in vain.
Mars's hot minion is return'd again;
Her waspish-headed son has broke his arrows,
Swears he will shoot no more, but play with spar-
rows
And be a boy right out.

Enter Juno.

CERES

Highest queen of state,
Great Juno, comes; I know her by her gait.

IRIS

Pour un contrat d'amour que tu ratifieras
Mais non sans (de bon gré !) que tu ne consentes
À ces heureux amants de petites rentes.

CÉRÈS

Arc céleste, dis-moi vite si Vénus
Ou son fils, cet aveugle, ce minus,
N'accompagnent la reine. Ils complotèrent
Pour que le cafardeux Pluton retienne sous terre
Ma pauvre fille, et je me suis juré
De ne plus rencontrer ces êtres tarés.

IRIS

Ne crains rien ! J'ai croisé entre deux nuées
Sa divine personne à Paphos ramenée
Avec son fils, par ses colombes. Ils avaient cru
Dans leurs lacets lascifs prendre, tout cru,
Le garçon et la fille, qui se juraient
Qu'ensemble dans un lit ils ne coucheraient
Jamais, avant qu'Hymen sa torche n'ait brandie.
En vain, en vain ! Et voici repartie
Celle qui du dieu Mars enflamme la luxure,
Avec son fils au dard de guêpe qui, lui, se jure
Qu'il va briser son arc, qu'il ne tirera plus,
Qu'il va être illico le petit garçon nu
Qui joue avec ses piafs…

Entre Junon.

CÉRÈS

La reine, la grande reine !
C'est Junon ! Je la reconnais à sa dégaine.

JUNO

How does my bounteous sister? Go with me
To bless this twain, that they may prosperous be
And honour'd in their issue.

They sing.

JUNO

Honour, riches, marriage blessing,
Long continuance, and increasing,
Hourly joys be still upon you!
Juno sings her blessings on you.

CERES

Earth's increase, foison plenty,
Barns and garners never empty,
Vines with clust'ring bunches growing,
Plants with goodly burthen bowing;
Spring come to you at the farthest
In the very end of harvest!
Scarcity and want shall shun you,
Ceres' blessing so is on you.

FERDINAND

This is a most majestic vision, and
Harmonious charmingly. May I be bold
To think these spirits?

PROSPERO

Spirits, which by mine art
I have from their confines call'd to enact
My present fancies.

JUNON

Comment vas-tu, mon opulente sœur ?
Viens bénir avec moi, pour qu'ils en aient bonheur,
Ces fiancés ; que leur fasse honneur leur descendance !

Elles chantent.

JUNON

Honneur, richesse, union bénie
Toujours plus et toute la vie,
Heures de joies à jamais,
C'est ce que Junon vous promet.

CÉRÈS

Terre donnant sans répit,
Granges et greniers bien remplis,
Vignes hautes aux lourdes grappes,
Branches ployant sous le fruit !
Que le printemps vous revienne
Les moissons terminées à peine !
Pénurie, disette, jamais,
C'est ce que Cérès vous promet.

FERDINAND

Quelle majesté dans cette vision !
Quelle harmonie envoûtante ! Puis-je m'enhardir à penser
Que ce sont là des esprits ?

PROSPÉRO

Des esprits, en effet ; que mon Art
A fait venir de leurs arrière-mondes
Pour donner vie à mon caprice de cet instant.

FERDINAND

Let me live here ever!
So rare a wond'red father and a wife
Makes this place Paradise.

Juno and Ceres whisper, and send Iris on employment.

PROSPERO

Sweet now, silence!
Juno and Ceres whisper seriously.
There's something else to do. Hush and be mute,
Or else our spell is marr'd.

IRIS

You nymphs, call'd Naiades, of the wand'ring brooks,
With your sedg'd crowns and ever-harmless looks,
Leave your crisp channels, and on this green land
Answer your summons. Juno does command.
Come, temperate nymphs, and help to celebrate
A contract of true love. Be not too late.

Enter certain Nymphs.

You sunburn'd sicklemen, of August weary,
Come hither from the furrow and be merry.
Make holiday. Your rye-straw hats put on,
And these fresh nymphs encounter every one
In country footing.

FERDINAND

Ah, que ne puis-je à jamais vivre ici !
Un père si exceptionnel, si admirable,
Et une femme ! Mais c'est le Paradis.

Junon et Cérès chuchotent, et dépêchent Iris.

PROSPÉRO

Silence, mon ami.
Junon et Cérès chuchotent, avec beaucoup de sérieux.
Il y a une suite. Chut, taisez-vous,
Sinon vous gêneriez mes charmes.

IRIS

Nymphes des eaux errantes, vous les Naïades
Aux couronnes de jonc, aux airs de saintes Nitouches,
Quittez vos vaguelettes pour cette couche
D'herbe verte et vous joindre à nos sérénades.
C'est Junon qui l'ordonne ! Venez nous assister,
Vous, les nymphes si chastes, pour célébrer
Ce mariage d'amour… Et ne traînez pas !

Entrée de quelques nymphes.

Et vous les moissonneurs, si bronzés, si las
De ce mois d'août, foin de tous vos sillons !
Venez joyeusement fêter nos oisillons
Et, vos chapeaux de paille bien sur la tête,
Compromettez chacune de ces nymphettes
Dans les ébats de vos danses simplettes.

Enter certain Reapers, properly habited. They join with the Nymphs in a graceful dance; towards the end whereof Prospero starts suddenly and speaks; after which, to a strange, hollow, and confused noise, they heavily vanish.

PROSPERO, *aside.*

I had forgot that foul conspiracy
Of the beast Caliban and his confederates
Against my life. The minute of their plot
Is almost come. — *(To the Spirits.)* Well done!
Avoid! No more!

FERDINAND

This is strange. Your father's in some passion
That works him strongly.

MIRANDA

Never till this day
Saw I him touch'd with anger so distemper'd.

PROSPERO

You do look, my son, in a mov'd sort,
As if you were dismay'd. Be cheerful, sir.
Our revels now are ended. These our actors,
As I foretold you, were all spirits and
Are melted into air, into thin air;
And, like the baseless fabric of this vision,
The cloud-capp'd towers, the gorgeous palaces,
The solemn temples, the great globe itself,

Entrée de quelques moissonneurs vêtus selon leur état. Ils se joignent aux nymphes pour une danse gracieuse vers la fin de laquelle Prospéro sursaute et prononce quelques mots. Sur quoi se produit un bruit étrange, sourd et confus, et tout disparaît.

PROSPÉRO, *à part.*

J'allais en oublier l'odieux complot
Ourdi par le bestial Caliban et ses acolytes
Contre ma vie. Le moment qu'ils ont décidé,
C'est presque tout de suite. *(Aux esprits)* Du bon travail !
Mais partez, maintenant. C'est terminé.

FERDINAND

C'est étrange ! Votre père est la proie d'une émotion
Qui l'agite à l'extrême.

MIRANDA

Jamais je ne l'ai vu dans cet état,
Jamais aussi bouleversé.

PROSPÉRO

Vous paraissez troublé, mon fils,
Comme si quelque chose vous faisait peur.
Reprenez-vous, monsieur ! Notre fête est finie.
Nos acteurs, des esprits vous avais-je dit,
Se sont évaporés dans l'air, l'air si léger,
Et comme cette vision, qui est sans substance,
Nos tours aussi, couronnées de nuées,
Nos palais somptueux, nos temples augustes,

Yea, all which it inherit, shall dissolve,
And, like this insubstantial pageant faded,
Leave not a rack behind. We are such stuff
As dreams are made on, and our little life
Is rounded with a sleep. Sir, I am vex'd.
Bear with my weakness. My old brain is troubled.
Be not disturb'd with my infirmity.
If you be pleas'd, retire into my cell
And theve repose. A turn or two I'll walk
To still my beating mind.

FERDINAND and MIRANDA

We wish your peace.

Exeunt.
Enter Ariel.

PROSPERO

Come with a thought! I thank thee, Ariel. Come.

ARIEL

Thy thoughts I cleave to. What's thy pleasure?

PROSPERO

Spirit,
We must prepare to meet with Caliban.

Et même ce vaste globe et ceux qui y vivent,
Tout se dissipera sans laisser au ciel une ride,
Oui, comme a disparu cette ombre de spectacle.
Nous sommes de l'étoffe
Dont les songes sont faits. Notre petite vie
Est au creux d'un sommeil... Mon ami, je m'égare,
Pardonnez-moi ! Mon cerveau a vieilli,
Quelque chose le trouble. Mais ne prenez pas garde
À cette défaillance ! Plutôt, s'il vous agrée,
Allez vous reposer dans mon logis
Tandis que moi je marcherai un peu, pour apaiser
Mon cerveau qui bat la chamade.

FERDINAND et MIRANDA

La paix vous soit rendue !

Ils sortent.

PROSPÉRO

Merci. Viens, Ariel, aussi vite que je te pense.

Entre Ariel.

ARIEL

Je fais corps avec ta pensée ! Quel est ton bon plaisir ?

PROSPÉRO

Préparons-nous, esprit,
À affronter Caliban.

ARIEL

Ay, my commander. When I presented Ceres,
I thought to have told thee of it, but I fear'd
Lest I might anger thee.

PROSPERO

Say again, where didst thou leave these varlets?

ARIEL

I told you, sir, they were redhot with drinking;
So full of valour that they smote the air
For breathing in their faces, beat the ground
For kissing of their feet; yet always bending
Towards their project. Then I beat my tabor;
At which like unback'd colts they prick'd their ears,
Advanc'd their eyelids, lifted up their noses
As they smelt music. So I charm'd their ears
That calf-like they my lowing follow'd through
Tooth'd briers, sharp furzes, pricking goss, and
thorns,
Which ent'red their frail shins. At last I left them
I' th' filthy mantled pool beyond your cell.
There dancing up to th' chins, that the foul lake
O'erstunk their feet.

ARIEL

Oui, mon maître. J'ai bien songé à t'en parler
Quand je jouais Cérès, mais j'ai eu peur
De t'irriter.

PROSPÉRO

Dis-moi encore. Où as-tu laissé ces fripouilles ?

ARIEL

Je vous l'ai dit, messire : si échauffés
Par la boisson, si pénétrés de leur vaillance
Qu'ils en pourfendaient l'air qui avait le front
D'éventer leur visage ; ils frappaient le sol
Dont ils pensaient qu'il leur baisait les pieds.
Toutefois, ils n'en persistaient pas moins
Dans leur projet. Et j'ai dû prendre mon
tambourin
Au son duquel, comme des poulains encore
sauvages,
Ils ont dressé l'oreille, ouvert grand les yeux,
Levé le nez, comme s'ils flairaient la musique !
Bref, j'ai si bien enchanté leurs oreilles
Qu'ils ont suivi mon meuglement, comme des
veaux,
À travers les genêts les plus coupants
Et des épines, des ronces et autres serpes
Qui déchiraient leurs frêles tibias. Après quoi,
Je les ai entraînés dans la mare fétide
Qui est derrière votre hutte ; et les ai laissés là
À patauger jusqu'au menton. Puisse l'eau puante
Puer plus que leurs pieds !

PROSPERO

This was well done, my bird.
Thy shape invisible retain thou still.
The trumpery in my house, go bring it hither
For stale to catch these thieves.

ARIEL

I go, I go.

Exit.

PROSPERO

A devil, a born devil, on whose nature
Nurture can never stick! on whom my pains,
Humanely taken, all, all lost, quite lost!
And as with age his body uglier grows,
So his mind cankers. I will plague them all,
Even to roaring.

Enter Ariel, loaden with glistering apparel, etc.

Come, hang them on this line.

Prospero and Ariel remain, invisible. Enter Caliban, Stephano, and Trinculo, all wet.

CALIBAN

Pray you tread softly, that the blind mole may not
Hear a foot fall. We now are near his cell.

PROSPÉRO

Voilà qui fut bien faire, mon oiseau.
Garde encore un moment ta forme invisible
Et va prendre dans la maison tout ce clinquant
Dont je veux faire l'appeau pour les attraper, ces voleurs.

ARIEL

J'y vais, j'y vais.

Il sort.

PROSPÉRO

Un démon, par l'hérédité ; sur sa nature
Mauvaise, aucune éducation n'aura de prise.
Tous les efforts qu'avec humanité
J'ai faits pour lui sont perdus, bien perdus.
Et tout comme son corps enlaidit avec l'âge,
Son esprit aussi va pourrir. Ah, je vais tous
Les tourmenter, je ferai qu'ils en hurlent !

Revient Ariel, chargé de défroques brillantes et autres verroteries.

Suspends ces choses-là sur le tilleul.

Prospéro et Ariel invisibles.
Entrent Caliban, Stéphano et Trinculo, tout trempés.

CALIBAN

S'il vous plaît, faites doucement, que la taupe,
L'aveugle taupe, n'entende pas nos pieds.
Nous sommes maintenant près de sa hutte.

STEPHANO

Monster, your fairy, which you say is a harmless fairy, has done little better than play'd the Jack with us.

TRINCULO

Monster, I do smell all horse-piss, at which my nose is in great indignation.

STEPHANO

So is mine. Do you hear, monster? If I should take a displeasure against you, look you —

TRINCULO

Thou wert but a lost monster.

CALIBAN

Good my lord, give me thy favour still.
Be patient, for the prize I'll bring thee to
Shall hoodwink this mischance. Therefore speak softly.
All's hush'd as midnight yet.

TRINCULO

Ay, but to lose our bottles in the pool —

STEPHANO

There is not only disgrace and dishonour in that, monster, but an infinite loss.

STÉPHANO

Monstre, ton elfe que tu disais sans malice, il nous a tout de même joué un sacré tour de coquin.

TRINCULO

Monstre, je pue la pisse de cheval. Mon nez en éprouve une grande indignation.

STÉPHANO

Le mien, c'est tout pareil. Entends-tu cela, espèce de monstre ? Suppose que je te prenne en grippe ? Qu'en dirais-tu ?

TRINCULO

Tu ne serais bientôt qu'un résidu de monstre.

CALIBAN

Mon cher seigneur, garde-moi encore ta confiance,
Sois patient, le butin que j'ai pour toi
Va aveugler la mauvaise étoile. Mais parlons bas !
Tout est silencieux, c'est comme à minuit.

TRINCULO

Tout de même, perdre nos bouteilles dans la mare...

STÉPHANO

Oui, monstre, ce n'est pas là seulement disgrâce et déshonneur, mais perte, perte infinie.

TRINCULO

That's more to me than my wetting.
Yet this is your harmless fairy, monster.

STEPHANO

I will fetch off my bottle, though I be o'er ears for my labour.

CALIBAN

Prithee, my king, be quiet. Seest thou here?
This is the mouth o' th' cell. No noise, and enter.
Do that good mischief which may make this island
Thine own for ever, and I, thy Caliban,
For aye thy foot-licker.

STEPHANO

Give me thy hand. I do begin to have bloody thoughts.

TRINCULO

O King Stephano! O peer! O worthy Stephano, look what a wardrobe here is for thee!

CALIBAN

Let it alone, thou fool! It is but trash.

TRINCULO

O, ho, monster! we know what belongs to a frippery. O King Stephano!

TRINCULO

Bien plus grave pour moi que d'être trempé jusqu'à l'os ! Et c'était cela, ton elfe de tout repos, monstre ?

STÉPHANO

Je vais repêcher ma bouteille, devrais-je m'en mettre par en dessus les oreilles !

CALIBAN

Je t'en prie, du calme, mon roi ! Ici, ce que tu vois,
C'est l'entrée de la hutte. Pas de bruit,
Mais tu entres, et commets ce bienheureux crime
Qui te vaudra cette île, pour toujours,
Et à moi, Caliban, ton Caliban,
D'être à jamais celui qui te lèche les pieds.

STÉPHANO

Non, serrons-nous la main, plutôt ! Je commence à avoir vraiment des idées sanglantes.

TRINCULO

Ô roi Stéphano ! Ô valeureux, ô preux Stéphano ! Regarde quelle garde-robe il y a là pour te faire honneur !

CALIBAN

Laisse cela, idiot, c'est un tas de fripes.

TRINCULO

Minute, monstre ! Nous nous connaissons en fripes tout aussi bien qu'en fripons. Ô mon roi Stéphano !

STEPHANO

Put off that gown, Trinculo. By this hand, I'll have that gown!

TRINCULO

Thy Grace shall have it.

CALIBAN

The dropsy drown this fool! What do you mean
To dote thus on such luggage? Let't alone,
And do the murther first. If he awake,
From toe to crown he'll fill our skins with pinches,
Make us strange stuff.

STEPHANO

Be you quiet, monster. Mistress line, is not this my jerkin? *(Takes it down.)* Now is the jerkin under the line. Now, jerkin, you are like to lose your hair and prove a bald jerkin.

TRINCULO

Do, do! We steal by line and level, an 't like your Grace.

STEPHANO

I thank thee for that jest. Here's a garment for't. Wit shall not go unrewarded while I am king of

STÉPHANO

Décroche-moi cette robe, Trinculo ! Sur ma foi, je l'aurai, cette robe.

TRINCULO

Ta majesté va l'avoir.

CALIBAN

L'hydropisie le noie, cet imbécile !
Qu'avez-vous dans l'esprit pour vous enticher
De ce fourbi ? N'ayez qu'une pensée,
Le meurtre, d'abord le meurtre ! Qu'il se réveille,
Et de la tête aux pieds il nous dégrafe la peau,
Après quoi la fripe, ce sera nous, d'un drôle de
  genre.

STÉPHANO

Du calme vous aussi, monsieur le monstre ! Et vous, madame la branche du tilleul, dites-moi : n'est-ce pas là exactement ma casaque ? *(Il la prend.)* Une casaque qui a de la branche, ou plutôt qui n'en a plus ! Car vois-tu, ma casaque, je risque bien de tourner casaque, et de te montrer du côté où tu es sans poil.

TRINCULO

Fais-le, fais-le ! Un vol au petit poil et à poil ! si toutefois cela sied à Votre Éminence…

STÉPHANO

Merci pour ta fine remarque ! Et prend cet habit pour ta peine. Les mots d'esprit ne seront jamais

this country. “Steal by line and level” is an excellent pass of pate. There’s another garment for’t.

TRINCULO

Monster, come put some lime upon your fingers, and away with the rest!

CALIBAN

I will have none on’t. We shall lose our time
And all be turn’d to barnacles, or to apes
With foreheads villanous low.

STEPHANO

Monster, lay-to your fingers. Help to bear this away where my hogshead of wine is, or I’ll turn you out of my kingdom. Go to, carry this.

TRINCULO

And this.

STEPHANO

Ay, and this.

A noise of hunters heard. Enter divers Spirits in shape of dogs and hounds, hunting them about, Prospero and Ariel setting them on.

PROSPERO

Hey, Mountain, hey!

sans récompense tant que je serai roi dans ce pays. « Un vol au petit poil et à poil ! » Je sens là-dedans une pointe ! une saillie ! Tiens, encore cette veste pour toi.

TRINCULO

Monstre, mets-toi de la glu aux doigts et embarque tout ce qui reste.

CALIBAN

Non, non ; nous perdons notre temps,
Il va faire de nous des oies,
Des singes au front bas, des esclaves.

STÉPHANO

Monstre, tu vas t'y mettre. Et nous aider à porter tout cela à l'endroit où j'ai caché ma barrique, sinon je te chasse de mon royaume. Au travail ! tu prends ça.

TRINCULO

Et ça.

STÉPHANO

Oui-da, et ça encore.

Un bruit de chasse. Paraissent divers esprits, sous l'aspect de limiers et de chiens de chasse, qui les poursuivent, excités par Prospéro et Ariel.

PROSPÉRO

Sus, Géant, sus !

ARIEL

Silver! there it goes, Silver!

PROSPERO

Fury, Fury! There, Tyrant, there! Hark, hark!

Caliban, Stephano, and Trinculo are driven out.

Go, charge my goblins that they grind their joints
With dry convulsions, shorten up their sinews
With aged cramps, and more pinch-spotted make them
Than pard or cat o' mountain.

ARIEL

Hark, they roar.

PROSPERO

Let them be hunted soundly. At this hour
Lie at my mercy all mine enemies.
Shortly shall all my labours end, and thou
Shalt have the air at freedom. For a little
Follow, and do me service.

Exeunt.

ARIEL

Par là, Vif-argent, par là !

PROSPÉRO

Hardi, Furie, hardi, ma Furie ! Par là, Tyran ! Taïaut, taïaut !

Caliban, Stéphano et Trinculo sont chassés.

Va prier mes lutins de leur broyer
À coups d'arthrite craquante les jointures,
De contracter leurs tendons de crampes séniles,
De leur faire la peau plus rouge de bleus
Que robe de guépard ou de panthère.

ARIEL

Écoutez-les qui hurlent !

PROSPÉRO

Qu'on les pourchasse sans répit ! En cet instant,
Je tiens à ma merci tous mes ennemis.
Et bientôt je serai au bout de mes peines. Et toi,
Tu seras libre comme l'air, mais une heure encore
Tu m'obéis, tu fais ce dont j'ai besoin.

Ils sortent.

ACT V

SCENE 1

Before the cell of Prospero.
Enter Prospero in his magic robes, and Ariel.

PROSPERO

Now does my project gather to a head.
My charms crack not, my spirits obey, and time
Goes upright with his carriage. How's the day?

ARIEL

On the sixth hour, at which time, my lord,
You said our work should cease.

PROSPERO

I did say so
When first I rais'd the tempest. Say, my spirit,
How fares the King and's followers?

ACTE V

SCÈNE 1

Devant la grotte de Prospéro.
Entrent Prospéro dans sa robe de magicien et Ariel.

PROSPÉRO

Mon entreprise en est à son point critique,
Car mes charmes ne flanchent pas ; et les esprits
M'obéissent ; et le temps porte son fardeau
Sans broncher... Où en est-il, le temps ?

ARIEL

À la sixième heure du jour. Mon maître,
C'est celle dont vous m'avez dit
Qu'elle verrait la fin de nos travaux.

PROSPÉRO

C'est bien ce que j'ai dit
Quand j'ai déchaîné la tempête. Mais informe-moi,
Mon esprit : qu'en est-il du roi, de sa suite ?

ARIEL

Confin'd together
In the same fashion as you gave in charge,
Just as you left them — all prisoners, sir,
In the line grove which weather-fends your cell.
They cannot budge till your release. The King,
His brother, and yours abide all three distracted,
And the remainder mourning over them,
Brimful of sorrow and dismay; but chiefly
Him that you term'd, sir, the good old Lord Gonzalo.
His tears run down his beard like winter's drops
From eaves of reeds. Your charm so strongly works 'em,
That if you now beheld them, your affections
Would become tender.

PROSPERO

Dost thou think so, spirit?

ARIEL

Mine would, sir, were I human.

PROSPERO

And mine shall.
Hast thou, which art but air, a touch, a feeling
Of their afflictions, and shall not myself,
One of their kind, that relish all as sharply
Passion as they, be kindlier mov'd than thou art?
Though with their high wrongs I am struck to th' quick,

ARIEL

Je les garde toujours ensemble
Comme vous m'en aviez donné la tâche
Et les avez laissés : les prisonniers
Du bosquet de tilleuls qui protège du vent
Votre logis ; et dont ils ne pourront
Bouger avant votre ordre. Le roi de Naples
Et son frère et le vôtre continuent
Tous trois de délirer, au grand dam des autres
Qui débordent d'angoisse et de désarroi ;
Et parmi eux surtout
Celui que vous avez appelé, mon maître,
« Le bon vieux seigneur Gonzalo ». Celui-là,
Ses pleurs trempent sa barbe comme en hiver
L'eau de la pluie ruisselle des toits de chaume.
Vos enchantements les travaillent
Si puissamment que vous en auriez compassion
Si vous pouviez les voir en cette minute.

PROSPÉRO

C'est vraiment là ta pensée, mon esprit ?

ARIEL

Ce le serait si j'étais un être humain, monseigneur.

PROSPÉRO

Soit, ce sera la mienne !
Car toi, qui n'es qu'une forme de l'air,
Tu es ému, leur affliction te touche ; et moi
Qui suis de leur espèce et ressens la souffrance
Aussi durement qu'eux, je n'aurais pas
Davantage de compassion ? C'est vrai qu'ils m'ont
blessé

Yet with my nobler reason 'gainst my fury
Do I take part. The rarer action is
In virtue than in vengeance. They being penitent,
The sole drift of my purpose doth extend
Not a frown further. Go, release them, Ariel.
My charms I'll break, their senses I'll restore,
And they shall be themselves.

ARIEL

I'll fetch them, sir.

Exit.

PROSPERO, *makes a magic circle with his staff.*

Ye elves of hills, brooks, standing lakes, and groves,
And ye that on the sands with printless foot
Do chase the ebbing Neptune, and do fly him
When he comes back; you demi-puppets that
By moonshine do the green sour ringlets make,
Whereof the ewe not bites; and you whose pastime
Is to make midnight mushrumps, that rejoice
To hear the solemn curfew; by whose aid
(Weak masters though ye be) I have bedimm'd
The noontide sun, call'd forth the mutinous winds,
And 'twixt the green sea and the azur'd vault
Set roaring war; to the dread rattling thunder
Have I given fire and rifted Jove's stout oak
With his own bolt; the strong-bas'd promontory
Have I made shake and by the spurs pluck'd up
The pine and cedar; graves at my command

Au plus vif, de par leurs grands torts à mon égard,
Mais la part la plus noble de ma raison
Doit vaincre ma colère. Il est plus grand
D'être vertueux que de tirer vengeance.
Pour peu qu'ils se repentent je n'irai pas
Plus loin dans mon dessein, je ne froncerai pas
Le sourcil davantage. Et toi, Ariel,
Tu vas les libérer. Je désamorce mes sortilèges,
Je leur restitue leur raison. À nouveau
Ils pourront être eux-mêmes.

ARIEL

Je vais les chercher, mon maître.

Il sort.

PROSPÉRO

Mes témoins soyez-vous, elfes des collines,
Des ruisseaux, des étangs paisibles, des bosquets,
Et vous autres aussi qui sans marquer le sable
Pourchassez Neptune en reflux, mais vous enfuyez
Dès que la marée monte ; vous, mes gracieux pantins
Qui tracez sous la lune ces cercles d'herbes
Que les brebis estiment trop amères ; vous qui aimez
Faire croître, à minuit, les champignons
Heureux d'avoir enfin entendu sonner l'heure
Solennelle du couvre-feu ! Fort de votre aide,
Aussi faibles chacun soyez-vous, petits princes,
J'ai éteint le soleil à midi, j'ai sommé
La révolte des vents de porter la guerre
Et son fracas entre le bleu du ciel et la mer verte,
Mettant à feu les voix terribles du tonnerre,
Fendant de Jupiter le plus noueux des chênes

Have wak'd their sleepers, op'd, and let 'em forth
By my so potent art. But this rough magic
I here abjure; and when I have requir'd
Some heavenly music (which even now I do)
To work mine end upon their senses that
This airy charm is for, I'll break my staff,
Bury it certain fadoms in the earth,
And deeper than did ever plummet sound
I'll drown my book.

Solemn music.

Here enters Ariel before; then Alonso, with a frantic gesture, attended by Gonzalo; Sebastian and Antonio in like manner, attended by Adrian and Francisco. They all enter the circle which Prospero had made, and there stand charm'd; which Prospero observing, speaks.

PROSPERO

A solemn air, and the best comforter
To an unsettled fancy, cure thy brains.
Now useless, boil'd within thy skull! There stand,
For you are spell-stopp'd.
Holy Gonzalo, honourable man,
Mine eyes, ev'n sociable to the show of thine,
Fall fellowly drops. The charm dissolves apace;

Avec sa propre foudre ; et secouant
Le promontoire le plus massif, et déracinant
Cèdres et pins ! Les tombes, sur mon ordre,
Ont réveillé leurs morts, se sont ouvertes,
Les ont laissés sortir : tel fut mon Art,
Mon Art si redoutable. Et pourtant, voyez-le,
Cette magie primaire, je l'abjure,
Et quand j'aurai requis la musique du ciel,
Ce que je fais, en cet instant, afin
Qu'elle plie sous le charme de ses arpèges
Leurs sens à mon vouloir, je briserai
Ma baguette de magicien, je l'enfouirai
À des coudées sous terre ; et je noierai mon livre
Plus profond que ne peut atteindre aucune sonde.

Musique solennelle.

Entrent, d'abord, Ariel ; puis Alonso, avec des gestes d'égarement, assisté par Gonzalo, et suivi par Sébastien et Antonio qui sont dans le même état et qu'assistent Adrian et Francisco. Tous entrent dans le cercle que Prospéro a tracé sur le sol, et demeurent là sous le charme ; ce que Prospéro observe, avant de parler.

PROSPÉRO

Qu'une solennelle musique, le grand remède
De l'esprit qui s'égare, te guérisse,
Cerveau qui bout pour rien dans cette tête !
Et vous, encore sous le charme, restez-là, tous...
Vertueux Gonzalo, homme d'honneur,
Mes yeux, qu'émeut le spectacle des tiens,
Versent les larmes de l'amitié... L'enchantement

And as the morning steals upon the night,
Melting the darkness, so their rising senses
Begin to chase the ignorant fumes that mantle
Their clearer reason. O good Gonzalo,
My true preserver, and a loyal sir
To him thou follow'st! I will pay thy graces
Home both in word and deed. Most cruelly
Didst thou, Alonso, use me and my daughter.
Thy brother was a furtherer in the act.
Thou art pinch'd for't now, Sebastian. Flesh and blood,
You, brother mine, that entertain'd ambition,
Expell'd remorse and nature; who, with Sebastian
(Whose inward pinches therefore are most strong),
Would here have kill'd your king, I do forgive thee,
Unnatural though thou art. Their understanding
Begins to swell, and the approaching tide
Will shortly fill the reasonable shore,
That now lies foul and muddy. Not one of them
That yet looks on me or would know me. Ariel,
Fetch me the hat and rapier in my cell.
I will discase me, and myself present
As I was sometime Milan. Quickly, spirit!
Thou shalt ere long be free.

Exit Ariel and returns immediately.

Qui les retient se dissipe,
Et comme le matin pénètre la nuit
Pour en chasser les ténèbres, leurs sens s'éveillent
Et la raison se lève dans ces fumées
Pour dissiper les fantasmes. Bon Gonzalo,
Toi qui fus mon salut, et restas fidèle
À ton seigneur, je récompenserai
Dûment, et en actions autant qu'en paroles,
Tes services et ta vertu. Alonso ?
Toi, c'est bien durement que tu nous traitas,
Ma fille et moi, assisté par ton frère,
Ce Sébastien que le remords tracasse, n'est-ce pas ?
Et toi, mon frère à moi, toi ma chair et mon sang,
Mais qui as sacrifié à ton ambition
Les voix de la nature et de ta conscience,
Et avec Sébastien, qui n'en souffre que davantage,
Aurais voulu tuer ton roi, et ici même !
Toi... Soit, je te pardonne,
Aussi dénaturé sois-tu... Leur entendement
S'accroît comme une marée monte, qui bientôt
Va recouvrir la plage de leur raison,
Boueuse pour l'instant, fétide. Mais aucun
Ne me regarde encore, aucun d'entre eux
Ne me reconnaîtrait. Ariel, va dans ma chambre,
Rapporte-m'en mon chapeau, mon épée.
Je veux me dépouiller de ce qui me cache
Je veux paraître
Comme jadis je fus : Milan lui-même.
Fais vite, esprit !
Avant qu'il soit long temps tu seras libre.

« Ariel chante, en l'aidant à se vêtir. »

ARIEL *sings and helps to attire him.*

Where the bee sucks, there suck I;
In a cowslip's bell I lie;
There I couch when owls do cry.
On the bat's back I do fly
After summer merrily.
Merrily, merrily shall I live now
Under the blossom that hangs on the bough.

PROSPERO

Why, that's my dainty Ariel! I shall miss thee,
But yet thou shalt have freedom. So, so, so.

To the King's ship, invisible as thou art!
There shalt thou find the mariners asleep
Under the hatches. The master and the boatswain
Being awake, enforce them to this place,
And presently, I prithee.

ARIEL

I drink the air before me, and return
Or ere your pulse twice beat.

Exit.

ARIEL

Là où l'abeille butine
Là moi aussi je butine,
Là où le coucou fleurit,
Cette clochette est mon lit.
Je dors au cri de la chouette,
À dos de chauves-souris
Je poursuis, l'esprit en fête,
Le bel été qui s'enfuit.
Fête, fête sera ma vie
Sous la branche toujours fleurie.

PROSPÉRO

Voilà bien mon charmant Ariel ! tu me manqueras.
Soit, pourtant, tu vas être libre…

Ariel sort et revient. Il l'aide à se préparer.

Oui, oui, comme cela.
Et maintenant, invisible comme tu es,
Vole au vaisseau du roi. Sous l'écoutille
Tu vas trouver les marins endormis,
Éveille le capitaine et le maître de l'équipage,
Amène-les ici ; dans la seconde,
Si tu veux bien.

ARIEL

Je bois le vent ! Et serai de retour
Avant que ton pouls batte plus de deux fois.

Il sort.

GONZALO

All torment, trouble, wonder, and amazement
Inhabits here. Some heavenly power guide us
Out of this fearful country!

PROSPERO

Behold, sir King,
The wronged Duke of Milan, Prospero.
For more assurance that a living prince
Does now speak to thee, I embrace thy body,
And to thee and thy company I bid
A hearty welcome.

ALONSO

Whe'r thou be'st he or no,
Or some enchanted trifle to abuse me,
As late I have been, I not know. Thy pulse
Beats, as of flesh and blood; and, since I saw thee,
Th'affliction of my mind amends, with which,
I fear, a madness held me. This must crave
(An if this be at all) a most strange story.
Thy dukedom I resign and do entreat
Thou pardon me my wrongs. But how should
Prospero
Be living and be here?

PROSPERO

First, noble friend,
Let me embrace thine age, whose honour cannot
Be measur'd or confin'd.

GONZALO

Que de tourments ici, d'égarements, de prodiges,
De causes de stupeur ! Le Ciel nous dise
Comment nous évader de ce lieu funeste !

PROSPÉRO

Vois devant toi, ô roi,
Celui qui fut spolié, le duc de Milan : Prospéro
Qui, pour mieux te prouver qu'un prince vivant
Te parle en cet instant, étreint ton corps
Et fait à ta personne et à tes compagnons
Un affectueux accueil.

ALONSO

Es-tu bien Prospéro
Ou quelque illusion faite pour m'abuser
Comme je l'ai été toutes ces heures ?
Je ne sais... Ton cœur bat
Comme si c'était bien de la chair, du sang,
Et depuis que je te regarde
La souffrance de mon esprit s'apaise, que j'ai due
À la folie, je le crains. Si tout cela
N'est pas un simple rêve, quelle étrange
Histoire : j'en suis avide. Mais j'abdique
D'abord de ce duché qui est le tien,
Et je t'implore de me pardonner les torts
Que je t'ai faits... Prospéro !
Comment peut-il être vivant, et dans ces lieux ?

PROSPÉRO, *à Gonzalo.*

D'abord, mon noble ami,
Permets-moi d'honorer tes ans, dont la vénération
Ne doit connaître borne ni mesure.

GONZALO

Whether this be
Or be not, I'll not swear.

PROSPERO

You do yet taste
Some subtleties o' th' isle, that will not let you
Believe things certain. Welcome, my friends all.

Aside to Sebastian and Antonio.

But, you, my brace of lords, were I so minded,
I here could pluck his Highness' frown upon you,
And justify you traitors. At this time
I will tell no tales.

SEBASTIAN, *aside.*

The devil speaks in him.

PROSPERO

No.
For you, most wicked sir, whom to call brother
Would even infect my mouth, I do forgive
Thy rankest fault — all of them; and require
My dukedom of thee, which perforce I know
Thou must restore.

ALONSO

If thou beest Prospero,
Give us particulars of thy preservation;
How thou hast met us here, who three hours since
Were wrack'd upon this shore; where I have lost

GONZALO

Est-ce de la réalité, est-ce du songe ?
Je n'en décide pas.

PROSPÉRO

Vous subissez encore
L'arrière-effet des prodiges de l'île,
Ils vous privent de croire ce qui pourtant
Est la vérité même. Mes amis, tous,
Soyez les bienvenus ! *(À Sébastien, Antonio)* Encore
que vous,
Mon beau couple de petits-maîtres, je pourrais bien
Vous attirer les foudres de votre prince
En lui montrant et démontrant votre traîtrise.
Mais pour l'instant je me tais.

SÉBASTIEN, *à part.*

C'est le diable qui parle.

PROSPÉRO

Nullement !
Quant à toi, scélérat, toi qu'appeler « mon frère »
Infecterait ma bouche, je te pardonne
Tes fautes les plus puantes, oui, toutes, toutes.
Mais j'exige de toi mon duché, que d'ailleurs
Tu es bien obligé de me restituer.

ALONSO

Si tu es Prospéro,
Dis-nous les circonstances de ta survie,
Et pourquoi tu es là sur cette côte
Où nous avons échoué il y a trois heures,

(How sharp the point of this remembrance is!)
My dear son Ferdinand.

PROSPERO

I am woe for't, sir.

ALONSO

Irreparable is the loss, and patience
Says it is past her cure.

PROSPERO

I rather think
You have not sought her help, of whose soft grace
For the like loss I have her sovereign aid
And rest myself content.

ALONSO

You the like loss?

PROSPERO

As great to me as late; and, supportable
To make the dear loss, have I means much weaker
Than you may call to comfort you; for I
Have lost my daughter.

ALONSO

A daughter?
O heavens, that they were living both in Naples,
The King and Queen there! That they were, I wish
Myself were mudded in that oozy bed
Where my son lies. When did you lose your daughter?

Et où, quelle douleur, m'en souvenir !
J'ai perdu Ferdinand, mon fils bien-aimé.

PROSPÉRO

J'en suis navré, messire.

ALONSO

La perte est irréparable. C'est au-delà
De toute résignation.

PROSPÉRO

Je penserais plutôt
Que vous n'avez pas su demander l'aide
De celle dont la miséricorde m'a assisté, m'a apaisé
Dans une perte semblable.

ALONSO

Une perte semblable ?

PROSPÉRO

Tout aussi grande qu'également récente.
Et pour supporter perte aussi douloureuse
Je n'ai que des moyens qui sont bien faibles
Auprès des vôtres... Moi,
C'est ma fille que j'ai perdue.

ALONSO

Votre fille ?
Cieux ! Que ne vivent-ils tous les deux à Naples,
Lui le roi et elle la reine ! Que cela soit
Et que moi, je pourrisse alors, dans cette fange
Où gît mon fils, hélas !
Quand avez-vous perdu votre chère fille ?

PROSPERO

In this last tempest. I perceive these lords
At this encounter do so much admire
That they devour their reason, and scarce think
Their eyes do offices of truth, their words
Are natural breath. But, howsoev'r you have
Been justled from your senses, know for certain
That I am Prospero, and that very duke
Which was thrust forth of Milan, who most strangely
Upon this shore, where you were wrack'd, was landed
To be the lord on't. No more yet of this;
For 'tis a chronicle of day by day,
Not a relation for a breakfast, nor
Befitting this first meeting. Welcome, sir.
This cell's my court. Here have I few attendants,
And subjects none abroad. Pray you look in.
My dukedom since you have given me again,
I will requite you with as good a thing,
At least bring forth a wonder to content ye
As much as me my dukedom.

Here Prospero discovers Ferdinand and Miranda playing at chess.

MIRANDA

Sweet lord, you play me false.

FERDINAND

No, my dearest love,
I would not for the world.

PROSPÉRO

Dans la tempête… Mais ces seigneurs
Sont si émerveillés de ces retrouvailles,
Je le vois bien, qu'ils en renient leur jugement
Et ne croient plus leurs yeux ni le sens des mots.
Tout de même, aussi secoués
Auront été vos esprits, croyez-moi,
Je suis bien Prospéro. Je suis ce duc
Qui fut chassé de Milan ; puis, c'est bizarre,
Qui toucha, pour en être le roi, cette rive même
Où vous fîtes naufrage… Mais suffit !
Il y a là matière pour des jours,
Non pour les quelques mots du petit déjeuner,
Et d'ailleurs ce récit
N'est pas ce qui convient à une première rencontre.
Sire, vous êtes le bienvenu. Cette hutte
Est mon palais ; j'y ai peu de service,
Et au-dehors, pas le moindre sujet. Veuillez bien
Entrer, je vous en prie. Car, en échange
De ce duché que vous m'avez rendu,
Je veux vous faire un don d'égale valeur ;
Ou vous montrer, à tout le moins, une merveille
Qui vous plaira autant qu'à moi mon duché.

Prospéro découvre alors Ferdinand et Miranda jouant aux échecs.

MIRANDA

Mon doux seigneur, vous avez triché !

FERDINAND

Oh, mon très cher amour, je ne le ferais pas,
L'enjeu fût-il le monde !

MIRANDA

Yes, for a score of kingdoms you should wrangle,
And I would call it fair play.

ALONSO

If this prove
A vision of the island, one dear son
Shall I twice lose.

SEBASTIAN

A most high miracle!

FERDINAND

Though the seas threaten, they are merciful.
I have curs'd them without cause.

Kneels.

ALONSO

Now all the blessings
Of a glad father compass thee about!
Arise, and say how thou cam'st here.

MIRANDA

O, wonder!
How many goodly creatures are there here!
How beauteous mankind is! O brave new world
That has such people in't!

MIRANDA

Que si, vous le feriez, et pour simplement des royaumes !
Et vous protesteriez comme maintenant, et moi,
Je dirais aussitôt que c'est franc jeu.

ALONSO

Si cela aussi doit se révéler
Un mirage de l'île,
J'aurai perdu deux fois mon fils bien-aimé !

SÉBASTIEN

Quel incroyable miracle !

FERDINAND

Mer effrayante, oh, miséricordieuse,
Je t'ai maudite mais sans raison !

Il s'agenouille.

ALONSO

Que te bénisse
Un père transporté de joie ! Relève-toi
Et dis-moi comment tu as pu arriver ici.

MIRANDA

Ô merveilles !
Que de superbes créatures devant moi !
Que c'est belle chose, l'humanité !
Ô monde neuf, ô splendide
Monde que peuplent de tels êtres !

PROSPERO

'Tis new to thee.

ALONSO

What is this maid with whom thou wast at play?
Your eld'st acquaintance cannot be three hours.
Is she the goddess that hath sever'd us
And brought us thus together?

FERDINAND

Sir, she is mortal;
But by immortal providence she's mine.
I chose her when I could not ask my father
For his advice, nor thought I had one. She
Is daughter to this famous Duke of Milan,
Of whom so often I have heard renown
But never saw before; of whom I have
Receiv'd a second life; and second father
This lady makes him to me.

ALONSO

I am hers.
But, O, how oddly will it sound that I
Must ask my child forgiveness!

PROSPERO

There, sir, stop.
Let us not burthen our remembrance with
A heaviness that's gone.

PROSPÉRO

Neuf, oui, pour toi.

ALONSO

Et cette jeune fille, qui est-elle,
Avec qui tu jouais ? Tu ne peux la connaître
Depuis plus de trois heures. Est-ce la déesse
Qui nous a séparés puis réunis ?

FERDINAND

Sire, ce n'est qu'une mortelle,
Mais grâce à l'immortelle Providence
Elle est à moi. Je l'ai choisie pour femme
Quand je ne pouvais pas consulter mon père
Ni même croire qu'encore j'en avais un.
Toutefois, sache-le : elle est la fille
De ce fameux duc de Milan, dont si souvent
J'avais entendu faire la louange
Sans que je l'eusse vu. Maintenant je lui dois
Une seconde vie. C'est un second père
Que cette jeune femme me donne en lui.

ALONSO

Comme moi
J'en serai un pour elle !
Mais qu'il va être contre nature
D'avoir à demander le pardon de ma fille !

PROSPÉRO

Laissons cela ! N'encombrons pas notre mémoire
De ce fardeau, qui a disparu.

GONZALO

I have inly wept,
Or should have spoke ere this. Look down, you gods,
And on this couple drop a blessed crown!
For it is you that have chalk'd forth the way
Which brought us hither.

ALONSO

I say amen, Gonzalo.

GONZALO

Was Milan thrust from Milan that his issue
Should become kings of Naples? O, rejoice
Beyond a common joy, and set it down
With gold on lasting pillars : In one voyage
Did Claribel her husband find at Tunis,
And Ferdinand her brother found a wife
Where he himself was lost; Prospero his dukedom
In a poor isle; and all of us ourselves
When no man was his own.

ALONSO, *to Ferdinand and Miranda.*

Give me your hands.
Let grief and sorrow still embrace his heart
That doth not wish you joy.

GONZALO

Je ravalais mes larmes,
Sinon j'aurais déjà parlé. Ô dieux,
Abaissez vos regards sur nous et couronnez
De vos bénédictions ce jeune couple ! Vous qui avez
Balisé le chemin qui nous a conduits !

ALONSO

Oui, Gonzalo, ainsi soit-il !

GONZALO

Fallait-il que Milan
Soit chassé de Milan pour que sa descendance
Règne sur Naples ? Oh, réjouissons-nous
Au-delà de toute mesure, et en lettres d'or
Gravons, sur d'éternels piliers : qu'en un même voyage
Claribel à Tunis a trouvé un époux,
Et Ferdinand son frère une compagne
Là même où il fit naufrage, cependant
Que Prospéro recouvrait son duché
Sur une île où tout manque ; et que nous tous,
Égarés comme nous le fûmes, néanmoins
Nous revenions à nous-mêmes.

ALONSO, *à Ferdinand et Miranda.*

Donnez-moi vos mains, l'un et l'autre.
Que souffrance et chagrin déchirent le cœur
De qui ne voudrait pas que vous ayez joie !

GONZALO

Be it so! Amen!

Enter Ariel, with the Master and Boatswain amazedly following.

O, look, sir; look, sir! Here is more of us!
I prophesied, if a gallows were on land,
This fellow could not drown. Now, blasphemy,
That swear'st grace o'erboard, not an oath on shore?
Hast thou no mouth by land? What is the news?

BOATSWAIN

The best news is that we have safely found
Our king and company; the next, our ship,
Which, but three glasses since, we gave out split,
Is tight and yare and bravely rigg'd as when
We first put out to sea.

ARIEL, *aside to Prospero.*

Sir, all this service
Have I done since I went.

PROSPERO, *aside to Ariel.*

My tricksy spirit!

ALONSO

These are not natural events; they strengthen
From strange to stranger. Say, how came you hither?

GONZALO

Ainsi soit-il ! Amen.

Entre Ariel, suivi du Capitaine et du Maître d'équipage, éberlués.

Oh, sire, sire, voyez ! Encore certains des nôtres !
Je le savais : qu'il reste un gibet sur terre,
Et ce maraud ne peut périr par noyade.
Eh bien, blasphémateur ? toi qui jetais
Le Ciel par-dessus bord, pas le moindre juron
Sur cette bonne rive ? N'aurais-tu plus
Ta grande gueule sur terre ferme ?
Les nouvelles, dis-moi.

LE MAÎTRE D'ÉQUIPAGE

La meilleure, c'est qu'on a donc retrouvé le roi
Sain et sauf, et les siens avec. Puis, le bateau,
Qu'on croyait défoncé il y a trois heures,
Savez-vous qu'il est flambant sec, paré, gréé,
Aussi fier qu'à sa première sortie ?

ARIEL, *à Prospéro.*

Oui, mon travail
Depuis tout à l'heure, maître.

PROSPÉRO, *à Ariel.*

Ingénieux comme d'habitude !

ALONSO

Ces choses-là ne sont pas naturelles.
Nous sommes de plus en plus dans le merveilleux.
Dis-moi, comment es-tu arrivé ici ?

BOATSWAIN

If I did think, sir, I were well awake,
I'ld strive to tell you. We were dead of sleep
And (how we know not) all clapp'd under hatches;
Where, but even now, with strange and several
noises
Of roaring, shrieking, howling, jingling chains,
And moe diversity of sounds, all horrible,
We were awak'd; straightway at liberty;
Where we, in all her trim, freshly beheld
Our royal, good, and gallant ship; our master
Cap'ring to eye her. On a trice, so please you,
Even in a dream, were we divided from them
And were brought moping hither.

ARIEL, *aside to Prospero.*

Was't well done?

PROSPERO, *aside to Ariel.*

Bravely, my diligence. Thou shalt be free.

ALONSO

This is as strange a maze as e'er men trod,
And there is in this business more than nature
Was ever conduct of. Some oracle
Must rectify our knowledge.

LE MAÎTRE D'ÉQUIPAGE

Si je pouvais me croire bien réveillé
Je m'efforcerais de le dire.
Messire, nous dormions tous comme des morts, tassés,
Pourquoi, je n'en sais rien, sous l'écoutille
Quand, d'un instant à l'autre, des tas de bruits
Bizarres, rugissements, hurlements, cris aigus,
Tintamarre de chaînes, ah, quel vacarme
Horrible ! nous réveillèrent : sur quoi, d'un coup,
Eh bien, nous étions libres, avec sous nos yeux
Notre hardi, notre royal vaisseau
Aussi gaillard que nous et tout gréé,
Tout en bon ordre, et le capitaine dansant de joie…
Ensuite ? À la seconde, ne vous déplaise,
Exactement comme dans un rêve,
Nous fûmes séparés des autres et portés ici,
Bouche bée.

ARIEL, *à Prospéro.*

Bien joué, non ?

PROSPÉRO, *à Ariel.*

Superbe, le dévouement même ! Tu seras libre.

ALONSO

A-t-on jamais parcouru labyrinthe
Plus confondant ? Ce n'est pas la simple nature
Qui nous mène, dans cette affaire. Puisse un oracle
Nous permettre à nouveau de penser droit !

PROSPERO

Sir, my liege,
Do not infest your mind with beating on
The strangeness of this business. At pick'd leisure,
Which shall be shortly, single I'll resolve you
(Which to you shall seem probable) of every
These happen'd accidents; till when, be cheerful
And think of each thing well.

Aside to Ariel.

Come hither, spirit.
Set Caliban and his companions free.
Untie the spell.

Exit Ariel.

How fares my gracious sir?
There are yet missing of your company
Some few odd lads that you remember not.

Enter Ariel, driving in Caliban, Stephano, and Trinculo, in their stol'n apparel.

STEPHANO

Every man shift for all the rest, and let no man take care for himself; for all is but fortune. Coragio, bully-monster, coragio!

TRINCULO

If these be true spies which I wear in my head, here's a goodly sight.

PROSPÉRO

Messire,
Ne vous fatiguez pas l'esprit à ressasser
L'insolite de cette affaire ; à loisir, bientôt,
Je vous expliquerai, quand nous serons seuls,
Tout ce qui a eu lieu, et d'une façon
Qui vous satisfera ; en attendant
Reprenez cœur, trouvez en tout joie et confiance.

À Ariel.

Écoute-moi, esprit. Tu vas délivrer
Maintenant Caliban et ses acolytes,
Tu vas rompre leur charme.

Sort Ariel.

Mon cher seigneur, comment vous sentez-vous ?
Il manque encore à votre compagnie
Quelques drôles dont vous n'avez pas souvenir.

Revient Ariel, poussant devant lui Caliban, Stéphano et Trinculo, dans les habits volés.

STÉPHANO

Que l'on s'échine pour les autres, jamais pour soi ! car tout est hasard dans la vie. Coragio, mon brave monstre, Coragio !

TRINCULO

S'il faut les croire, ces deux espions que je garde dessus mon nez, voici un bien beau spectacle.

CALIBAN

O Setebos, these be brave spirits indeed!
How fine my master is! I am afraid
He will chastise me.

SEBASTIAN

Ha, ha!
What things are these, my Lord Antonio?
Will money buy 'em?

ANTONIO

Very like. One of them
Is a plain fish and no doubt marketable.

PROSPERO

Mark but the badges of these men, my lords,
Then say if they be true. This misshapen knave,
His mother was a witch, and one so strong
That could control the moon, make flows and ebbs,
And deal in her command without her power.
These three have robb'd me, and this demi-devil
(For he's a bastard one) had plotted with them
To take my life. Two of these fellows you
Must know and own; this thing of darkness I
Acknowledge mine.

CALIBAN

I shall be pinch'd to death.

CALIBAN

Ô Sétébos, les magnifiques esprits !
Quelle allure a mon maître ! Mais j'ai grand peur
Qu'il me punisse.

SÉBASTIEN

Oh là là,
Qu'est-ce que c'est que ça, messire Antonio ?
Est-ce que c'est à vendre ?

ANTONIO

Bien vraisemblablement. L'un d'eux,
C'est carrément du poisson, ça sent la criée.

PROSPÉRO

Voyez ce qui accoutre ces hommes, messeigneurs,
Et décidez si on peut s'y fier. Ce coquin difforme,
Sa mère fut sorcière ; une si puissante
Qu'elle commandait à la lune, décidant
Des marées, trafiquant de son influence
Bien au-delà de sa sphère.
Et tous les trois, ils m'ont volé ; et ce demi-diable,
Ce bâtard d'un démon, a comploté
Avec les autres pour me défaire de ma vie.
Deux de ces drôles sont vôtres, vous le savez.
Mais cette flaque de nuit, il me faut bien
La reconnaître mienne.

CALIBAN

Je vais être pincé à mort.

ALONSO

Is not this Stephano, my drunken butler?

SEBASTIAN

He is drunk now. Where had he wine?

ALONSO

And Trinculo is reeling ripe. Where should they
Find this grand liquor that hath gilded 'em?
How cam'st thou in this pickle?

TRINCULO

I have been in such a pickle, since I saw you last, that I fear me will never out of my bones. I shall not fear fly-blowing.

SEBASTIAN

Why, how now, Stephano?

STEPHANO

O, touch me not! I am not Stephano, but a cramp.

PROSPERO

You'ld be king o' the isle, sirrah?

STEPHANO

I should have been a sore one then.

ALONSO

N'est-ce pas Stéphano, mon ivrogne de sommelier ?

SÉBASTIEN

Ivre en tout cas ! Où a-t-il eu du vin ?

ALONSO

Et Trinculo, titubant ! Quelle cuite !
Où donc ont-ils trouvé la dive bouteille
Qui les a lessivés ? Dans quelle saumure
As-tu mariné, dis-moi ?

TRINCULO

Depuis que je vous ai vus la dernière fois j'ai trempé dans une saumure qui ne va plus jamais, j'en ai bien peur, me sortir des os ; je n'ai plus à craindre les mouches.

SÉBASTIEN

Ah, qu'est-ce qui t'arrive, Stéphano ?

STÉPHANO

Surtout, ne me touchez pas ! Je ne suis plus Stéphano, je ne suis plus rien qu'une crampe.

PROSPÉRO

Tu voulais être le roi de l'île, chenapan ?

STÉPHANO

Le roi des imbéciles, en ce cas.

ALONSO

This is as strange a thing as e'er I look'd on.

PROSPERO

He is as disproportion'd in his manners
As in his shape. Go, sirrah, to my cell;
Take with you your companions. As you look
To have my pardon, trim it handsomely.

CALIBAN

Ay, that I will! and I'll be wise here-after,
And seek for grace. What a thrice-double ass
Was I to take this drunkard for a god
And worship this dull fool!

PROSPERO

Go to! Away!

ALONSO

Hence, and bestow your luggage where you found it.

SEBASTIAN

Or stole it rather.

Exeunt Caliban, Stephano, and Trinculo.

PROSPERO

Sir, I invite your Highness and your train
To my poor cell, where you shall take your rest
For this one night; which, part of it, I'll waste

ALONSO, *montrant Caliban.*

Voilà bien ce que j'ai jamais vu de plus étrange.

PROSPÉRO

Oui, un qui est aussi difforme en ses façons d'être
Qu'il l'est par l'apparence. Chenapan,
Va dans ma hutte avec tes compagnons,
Et si tu veux que je te pardonne,
Arrange-toi pour la rendre impeccable.

CALIBAN

Ah, c'est promis ! J'aurai plus de jugement
désormais
Et ferai tout pour être en tes bonnes grâces.
Quel âne double et triple j'ai été
De prendre cet ivrogne pour un dieu
Et de vouer un culte à ce pauvre idiot !

PROSPÉRO

C'est bon. Va-t'en !

ALONSO

Et remettez votre attirail où vous l'avez pris.

SÉBASTIEN

Volé, disons plutôt.

Sortent Caliban, Stéphano et Trinculo.

PROSPÉRO

Messire,
Je convie Votre Majesté et toute sa suite
En mon pauvre logis, pour le repos

With such discourse as, I not doubt, shall make it
Go quick away — the story of my life,
And the particular accidents gone by
Since I came to this isle; and in the morn
I'll bring you to your ship, and so to Naples,
Where I have hope to see the nuptial
Of these our dear-belov'd solemnized;
And thence retire me to my Milan, where
Every third thought shall be my grave.

ALONSO

I long
To hear the story of your life, which must
Take the ear strangely.

PROSPERO

I'll deliver all;
And promise you calm seas, auspicious gales,
And sail so expeditious that shall catch
Your royal fleet far off. — My Ariel, chick,
That is thy charge. Then to the elements
Be free, and fare thou well — Please you draw near.

Exeunt omnes.

De cette nuit, dont je vous prendrai une part
Pour un récit qui, je n'en doute pas,
La fera passer vite : l'histoire de ma vie,
Ce qui m'advint depuis l'arrivée dans l'île.
Après quoi, au matin,
Je vous mène au vaisseau, nous irons à Naples
Où j'ai l'espoir d'assister au mariage
Solennel de ces êtres que nous aimons.
Et de là je regagnerai Milan, ma chère ville
Où mes troisièmes pensées ne seront plus que la
tombe.

ALONSO

Je suis impatient d'entendre
L'histoire de votre vie. Elle ne peut
Que surprendre, que captiver !

PROSPÉRO

Je vous en dirai tout ;
Et vous promets mer calme, vents favorables,
Et voiles si diligentes qu'on aura vite
Rejoint l'escadre royale, en haute mer.

À Ariel, à part :

Mon Ariel, mon petit oiseau,
Ce sera ta mission ultime ; et après, adieu !
Retourne aux éléments, sois heureux, sois libre !
Venez, je vous en prie.

Ils sortent.

EPILOGUE

spoken by PROSPERO

Now my charms are all o'erthrown,
And what strength I have's mine own,
Which is most faint. Now 'tis true
I must be here confin'd by you,
Or sent to Naples. Let me not,
Since I have my dukedom got
And pardon'd the deceiver, dwell
In this bare island by your spell;
But release me from my bands
With the help of your good hands.
Gentle breath of yours my sails
Must fill, or else my project fails,
Which was to please. Now I want
Spirits to enforce, art to enchant;
And my ending is despair
Unless I be reliev'd by prayer,
Which pierces so that it assaults
Mercy itself and frees all faults.
As you from crimes would pardon'd be,
Let your indulgence set me free.

Exit.

ÉPILOGUE

dit par PROSPÉRO

J'ai renoncé tous mes charmes
Et n'ai donc plus d'autres armes
Que ma pauvre humanité.
Vais-je ici rester confiné
Par vous, pourrai-je partir
Pour Naples ? Veuillez souffrir,
Mon duché m'étant restitué,
Le traître étant pardonné,
Que je quitte ce banc de sable
Et que vos mains secourables
Désenchevêtrent mes liens.
Faites à mes voiles le bien
De votre souffle, sinon
Mon projet ne fut rien de bon
Qui ne voulait que vous plaire.
Et il faut que je désespère,
N'ayant plus ni magie ni art
Si me manque aussi le rempart
De la prière qui prime
Sur la justice et rédime
Par le pardon toute offense.
Vous voulez, vous, cette indulgence
Pour vos propres fautes ? Soit !
Mais d'abord délivrez-moi.

Il sort.

DOSSIER

VIE DE SHAKESPEARE

1564. 26 avril : baptême de William Shakespeare à Stratford. Naissance de Marlowe.
1572. Naissance de John Donne et de Ben Jonson.
1582. Novembre : William épouse Anne Hathaway.
1583. 26 mai : baptême de leur fille Susanna.
1585. 2 février : baptême de leurs enfants jumeaux, Hamnet et Judith.
1587. *La Tragédie espagnole*, de Thomas Kyd, *Tamburlaine* (part I), de Marlowe.
1588-1590. À un moment dans cette période, Shakespeare s'établit à Londres sans sa famille.
1589. Attaques de Greene contre Shakespeare.
1592. Le *Docteur Faust*, de Marlowe.
1593. Marlowe est tué.
Peste à Londres et fermeture des théâtres.
1594. Shakespeare dans la troupe du Chambellan.
1596. Mort d'Hamnet.
1597. Achat de New Place, à Stratford.
1599. Révolte d'Essex.
La troupe du Chambellan au Globe.
1601. Mort du père de Shakespeare.
1603. Jacques VI d'Écosse succède à Elisabeth sous le nom de Jacques Ier d'Angleterre. Il patronne la troupe du Chambellan, qui devient The King's Men.
Florio traduit les *Essais* de Montaigne.
1606. *Volpone*, de Ben Jonson.

1607. 5 juin : mariage de Susanna à Stratford, avec un médecin.
1608. Mort de la mère de Shakespeare, Mary Arden.
1610 ou 1612. Retour à Stratford.
1613. Incendie au Globe.
1616. 10 février : mariage de Judith, avec un marchand de vins. 23 avril : mort de Shakespeare.
1623. Le Premier Folio.

BIBLIOGRAPHIE

I
LE TEXTE

The Norton Facsimile : The First Folio of Shakespeare, éd. par Charlton HINMAN, New York, Norton, 1968. (À compléter par Charlton HINMAN, *The Printing and Proof-Reading of the First Folio of Shakespeare*, Oxford, 1963, 2 vol.)

The Tempest, éd. H. H. FURNESS, *A New Variorum Edition of Shakespeare*, vol. IX, Philadelphie, Lippincott, 1892.

The Tempest, éd. Sir Arthur QUILLER-COUCH et John Dover WILSON, *The New Shakespeare*, Cambridge, Cambridge University Press, 1921.

The Tempest, éd. Frank KERMODE, *The Arden Shakespeare*, Londres, Methuen, 1954 (University Paperback, 1964 ; rééd. Routledge, 1988).

The Tempest, éd. Northrop FRYE, Penguin Books, 1959.

The Tempest, éd. Robert LANGBAUM, *The Signet Classic Shakespeare*, New York, The New American Library, 1964.

The Tempest, éd. Anne RIGHTER (Anne BARTON), *The Penguin Shakespeare*, Harmondsworth, Penguin Books, 1968.

The Tempest, éd. Hallett SMITH, in E.G. EVANS *et al.*, *The Riverside Shakespeare*, Boston, Houghton Mifflin, 1974, p. 1611-1638.

The Tempest, éd. Stephen ORGEL, *The Oxford Shakespeare*, Oxford, Oxford University Press, 1987.

The Tempest, éd. David BEVINGTON, in *The Complete Works of Shakespeare*, New York, 1992.

Sur le texte

CHAMBERS, E. K., « The Integrity of *The Tempest* », dans *Shakespearean Gleanings*, Londres, Oxford University Press, 1944.

Instruments de lecture

EVANS, Maurice, « Elizabethan Spoken English », *The Cambridge Journal 4* (1950-1951).

ABBOTT, E. A., *A Shakespearian Grammar*, Londres, The Macmillan Press, 1870. Rééd., notamment New York, Dover, 1966.

SCHMIDT, Alexander, *Shakespeare-Lexicon*, Berlin, Georg Reimer, 1902. Réédité sous le titre *Shakespeare Lexicon and Quotation Dictionary*, New York, Dover, 1971.

ONIONS, C. T., *A Shakespeare Glossary*, Londres, Oxford University Press, 1911 (nombreuses rééditions).

PARTRIDGE, Eric, *Shakespeare's Bawdy*, Londres, Routledge and Kegan Paul, nouv. éd., 1968.

SPEVACK, MARVIN, *The Harvard Concordance to Shakespeare*, Cambridge, Mass., Harvard University Press, 1973.

RUBINSTEIN, Frankie, *A Dictionary of Shakespeare's Sexual Puns and their Significance*, Londres, The Macmillan Press, 1984.

Traductions en français

La Tempête, traduction de François-Victor HUGO, in *Œuvres complètes de William Shakespeare*, 1856-1867 (rééd. Paris, Éditions Garnier, Tome III, 1964).

La Tempête, traduction Guy de POURTALÈS, Paris, 1928.

La Tempête, traduction de Pierre-Louis MATTHEY, Paris, R.-A. Corrêa, 1932.

La Tempête, traduction de Pierre LEYRIS, dans Pierre LEYRIS et Henri EVANS éds., *Œuvres Complètes de Shakespeare*, Formes et Reflets, Paris, vol. 6 (1961 ; rééd. GF-Flammarion, 1991). Bilingue, reproduisant le texte du New Cambridge.

La Tempête, traduction d'André du BOUCHET, Paris, Mercure de France, 1963.

La Tempête, traduction de Jean-Jacques MAYOUX, Paris, Aubier, Éditions Montaigne, 1969.

La Tempête, adaptation de Jean-Louis CURTIS, Paris, Papiers, 1986.

La Tempête, adaptation de Jean-Claude CARRIÈRE, Paris, Centre international de créations théâtrales, 1990.

La Tempête, texte français de Jean-Paul CATHALA, Lézignan-Corbière, Avant-Quart, 1991.

La Tempête, adaptation de Romain WEINGARTEN, Paris, Avant-scène, 1997.

II

SOURCES ET RÉFÉRENCES

Shakespeare's England, Londres, The Oxford University Press, 1916, 2 vol.

WELSFORD, Enid, *The Court Masque : A Study of the Relationship between Poetry and the Revels*, 1927. Reprint, New York, Russell and Russell, 1962.

CHAMBERS, E. K., *William Shakespeare : A Study of Facts and Problems*, Londres, Oxford University Press, 1930.

CURRY, W. C., *Shakespeare's Philosophical Patterns*, Baton Rouge (1937), University of Louisiana Press, 1959.

SPENCER, Theodore, *Shakespeare and the Nature of Man*, New York, Macmillan, 1942.

CHAMBERS, E. K., *The Elizabethan Stage*, New York, Oxford University Press, 1945 (4 vol.).

TILLYARD, E. M. W., *The Elizabethan World Picture*, New York, Macmillan, 1946.

GREG, W. W., *The Shakespeare First Folio*, New York, Oxford University Press, 1955.

NOSWORTHY, J. M., « Music and its Function in the Romances of Shakespeare », *Shakespeare Survey 11* (1958), p. 60-69.

BENTLEY, Gerald E., *Shakespeare : A Biographical Handbook*, New Haven, Conn., Yale University Press, 1961.

FRASER, Russell A., *Shakespeare's Poetics in Relation to* King Lear, Londres, Routledge and Kegan Paul. 1962.

RICHTER, Anne, *Shakespeare and the Idea of the Play*, Londres, Chatto and Windus, 1962.

BERMAN, Ronald, *A Reader's Guide to Shakespeare's Plays : A Descriptive Bibliography*, 1965, éd. revue 1973 (à compléter par les bibliographies annuelles du *Shakespeare Quarterly* et les recensions du *Shakespeare Survey*).

CAMPBELL, Oscar James, et QUINN, Edward G., *The Reader's Encyclopedia of Shakespeare*, New York, Crowell, 1966.

JONES-DAVIES, Marie-Thérèse, *Inigo Jones, Ben Jonson et le Masque*, Paris, Didier, 1967.

KERNAN, Alvin B. Ed., *Modern Shakespearean Criticism : Essays on Style, Dramaturgy and the Major Plays*, New York, Harcourt, Brace, Yovanovitch, 1970.

JOSEPH, B. L., *Shakespeare's Eden : The Commonwealth of England 1558-1629*, New York, Barnes and Noble, 1971.

WALKER, D. P., *The Ancient Theology, Studies in Christian Platonism from the Fifteenth to the Eighteenth Century*, Londres, Duckworth, 1972.

BULLOUGH, Geoffrey, éd., *Narrative and Dramatic Sources of Shakespeare*, vol. 8 : *Romances*, Londres, Routledge et Kegan Paul, 1975.

SCHOENBAUM, Samuel, *William Shakespeare : A Compact Documentary Life*, New York, Oxford University Press, 1977. Traduction française : Flammarion, 1996.

MUIR, Kenneth, *The Sources of Shakespeare's Plays*, New Haven, Conn., Yale University Press, 1978.

YATES, Frances A., *The Occult Philosophy in the Elizabethan Age*, Londres, Routledge and Kegan Paul, 1979 ; ARK Edition, 1983.

SCHOENBAUM, Samuel, *Shakespeare : The Globe and the World*, New York, Oxford University Press, 1979.

GURR, Andrew, *The Shakespearean Stage 1579-1642*, Cambridge, Cambridge University Press, 2e éd., 1980.

HARRIS, Anthony, *Night's Black Agents : Witchcraft and Magic in Seventeenth-Century English Drama*, Manchester, Manchester University Press, 1980.

THOMSON, Peter, *Shakespeare's Theater*, Londres, Routledge and Kegan Paul, 1983.

ROBERTS, Jeanne Addison, *The Shakespearean Wild*, Lincoln et Londres, University of Nebraska Press, 1991.

BATE, Jonathan, *Shakespeare and Ovid*, Oxford, Oxford University Press, 1993. Chapitre VI : « From Myth to Drama ».

III
QUELQUES TRAVAUX PARTIELLEMENT CONSACRÉS À *LA TEMPÊTE*

COLERIDGE, Samuel Taylor, *The Complete Works of Samuel Taylor Coleridge : Lectures upon Shakespeare and Other Dramatists*, éd. W.G.T. SHEDD, vol. 7, New York, 1884 ; en français : *Sur Shakespeare*, trad. Robert PÉPIN, Lausanne, Éditions de l'Aire, 1970 (p. 183-196).

WILSON, John Dover, *The Essential Shakespeare*, Cambridge, Cambridge University Press, 1932.

KNIGHT, G. Wilson, *The Shakespearian Tempest*, Londres, 1932 (nouvelle édition, 1953).

MURRY, John Middleton, *Shakespeare*, Jonathan Cape, 1936.

TILLYARD, E. M. W., *Shakespeare's Last Plays*, Londres, 1938 (nouvelle édition, 1964).

KNIGHT, G. Wilson, *The Crown of Life*, Londres, Oxford University Press, 1947 (nouvelle édition, 1966).

HANKINS, J. E., *Shakespeare's Derived Imagery*, 1953.

TRAVERSI, Derek, *Shakespeare : The Last Phase*, New York, 1954.

ADAMS, Robert M., *Shakespeare : The Four Romances*, New York, 1959.

ALLEN, Don Cameron, *Image and Meaning, Metaphoric traditions in Renaissance Poetry*, Baltimore, Johns Hopkins University Press, 1960.

KERMODE, Frank, *William Shakespeare : The Final Plays*, Londres, 1963.

FRYE, Northrop, *A Natural Perspective : The Development of Shakespearean Comedy and Romance*, New York, 1965.

HUNTER, Robert Grams, *Shakespeare and the Comedy of Forgiveness*, New York, 1965.

BROWN, John Russell, et Bernard HARRIS, éds., *Later Shakespeare, Stratford-upon-Avon Studies 8* (1966).

WEST, Robert H., *Shakespeare and the Outer Mystery*, Lexington, University Press of Kentucky, 1968.

PALMER, D. J., éd., *Shakespeare's Later Comedies*, Penguin Shakespeare Library, 1971, p. 432-459.

SMITH, Hallett, *Shakespeare's Romances : A Study of Some Ways of the Imagination*, San Marino, Calif., The Huntington Library, 1972.

JACQUOT, Jean, « The Last Plays and the Masque », in *Shakespeare 1971, Proceedings of the World Shakespeare Congress*, Vancouver, 1971. Toronto, Leech et Margeson, 1972, p. 156-173.

YOUNG, David, *The Heart's Forest : A Study of Shakespeare's Pastoral Plays*, New Haven, Yale University Press, 1972.

FELPERIN, Howard, *Shakespearean Romances*, Princeton, N. J., Princeton University Press, 1972.

PETERSON, Douglas L., *Time, Tide and Tempest : A Study of Shakespeare's Romances*, San Marino, Calif., 1973.

TOBIAS, Richard C. et Paul G. ZOLBROD, éds., *Shakespeare's Late Plays*, Athens, 1974.

GARBER, Marjorie, *Dream in Shakespeare : From Metaphor to Metamorphosis*, New Haven, Yale University Press, 1974.

EGAN, Robert, *Drama within Drama : Shakespeare's Sense of his Art in* King Lear, The Winter's Tale, *and* The Tempest, New York, Columbia University Press, 1975.

YATES, Frances A., *Shakespeare's Last Plays : A New Approach*, Londres, Routledge et Kegan Paul, 1975. (Nouvelle édition en 1978 sous le titre *Majesty and Magic in Shakespeare's Last Plays.*) En français : *Les Dernières Pièces de Shakespeare : une approche nouvelle*, Paris, Belin, 1993.

FRYE, Northrop, *The Secular Scripture : a Study of the Structure of Romance*, Cambridge, Mass., Harvard University Press, 1976.

MOWAT, Barbara A., *The Dramaturgy of Shakespeare's Romances*, Athens, Georgia, 1976.

KAY, Carol McGinnis et Henry E. JACOBS, éds., *Shakespeare's Romances Reconsidered*, Lincoln, Nebraska, 1978.

KERNAN, Alvin B., *The Playwright as Magician : Shakespeare's Image of the Poet in the English Public Theater*, New Haven, Yale University Press, 1979.

DEAN, John, *Restless Wanderers : Shakespeare and the Pattern of Romance*, Atlantic Highlands, N. J., Humanities Press, 1979.

DRISCOLL, James P., *Identity in Shakespearean Drama*, Associated Universities Press, 1983.

SUNDELSON, David, *Shakespeare's Restorations of the Father*, New Brunswick, N. J., Rutgers University Press, 1983.

TRAISTER, Barbara Howard, *Heavenly Necromancers : The Magician in English Renaissance Drama*, University of Missouri Press, 1984.

NOVY, Marianne, *Love's Argument : Gender Relations in Shakespeare*, Chapel Hill, University of North Carolina Press, 1984.

BERGERON, David M., *Shakespeare's Romances and the Royal Family*, Lawrence, Kansas, 1985.

WHITE, R. S., *Let Wonder Seem Familiar : Endings in Shakespeare's Romance Vision*, Londres, 1985.

DREHER, Diane Elizabeth, *Domination and Defiance : Fathers and Daughters in Shakespeare*, Lexington, University Press of Kentucky, 1986.

IV

QUELQUES TRAVAUX CONSACRÉS À *LA TEMPÊTE*

JAMES, Henry, « Introduction to *The Tempest* », repris dans *Henry James : Selected Literary Criticism*, éd. Morris Shapiro, Londres, 1963.

KNIGHT, G. Wilson, *The Shakespearean Tempest*, Oxford University Press, 1932 (Londres, Methuen, 1953, 1960).

STILL, Coln, *The Timeless Theme*, Londres, Nicholson et Watson, 1936.

WILSON, John Dover, *The Meaning of « The Tempest »*, Newcastle, The Literary and Philosophical Society, 1936.

AUDEN, W. H., « The Sea and the Mirror : a Commentary on Shakespeare's *The Tempest* », *The Collected Poetry*, New York, 1945.

BROWER, Reuben, « The Mirror of Analogy », *The Fields of Light*, New York, 1951.

DOBRÉE, Bonamy, « The Tempest », in Arundell ESDAILE, éd., *Essays and Studies*, Londres, John Murray, 1952. Repris dans SMITH, 1969.

WILLIAM, David, « *The Tempest* on the Stage », *Jacobean Theatre*, éd. John Russell BROWN et Bernard HARRIS, *Stratford-upon-Avon Studies* 1 (1960), p. 137-153.

KUHL, E. P., « Shakespeare and the Founders of America : *The Tempest* », *Philological Quarterly*, XLI (1962), p. 133-146.

NUTTALL, A. D., *Two Concepts or Allegory : A Study of Shakespeare's* The Tempest *and the Logic of Allegorical Expression*, Londres, Routledge et Kegan Paul, 1967.

PALMER, D. J., éd., *Shakespeare, « The Tempest » : A Casebook*, Londres, Macmillan, 1968.

SMITH, Hallett, éd., *Twentieth Century Interpretations of « The Tempest »*, Englewood Cliffs, N. J., Prentice-Hall, 1969.

BROWN, John Russell, *The Tempest*, Arnold Studies in English Literature, 39, Londres, Edward Arnold, 1969.

BERGER, Harry, « Miraculous Harp : A Reading of Shakespeare's *Tempest* », *Shakespeare Studies 5* (1969), p. 253-283. Repris dans BLOOM, 1988.

KOTT, Jan, « *The Tempest*, or Repetition », *Mosaic 10*, nº 3 (1977), p. 9-36. En français : « La Tempête ou la répétition », *Tel Quel*, nº 71/73, automne 1977, p. 136-162.

SLOVER, George, « Magic, Mystery, and Make-Believe : An analogical Reading of *The Tempest* », *Shakespeare Studies 11* (1978), p. 1175-1206.

KERNAN, Alvin B., *The Playwright as Magician*, New Haven, Conn., Yale University Press, 1979.

KAHN, Coppélia, « The Providential Tempest and the Shakespearean Family », dans Murray M. SCHWARTZ et Coppélia KAHN, *Representing Shakespeare, New Psychoanalytic Essays*, Baltimore, The Johns Hopkins University Press, 1980 (p. 217-243).

GARBER, Marjorie, « The Eye of the Storm : Structure and Myth in Shakespeare's *Tempest* », *The Hebrew University Studies in Literature 8* (1980). Repris dans BLOOM, 1988.

PATRICK, Julian, « *The Tempest* as Supplement », in Eleanor COOK *et al.*, éds., *Centre and Labyrinth : Essays in Honour of Northrop Frye*, Toronto, The University of Toronto Press, 1983. Repris dans BLOOM, 1988.

COBB, Noel, *Prospero's Island : The Secret Alchemy at the Heart of* The Tempest, Londres, Coventure, 1984.

SRIGLEY, Michael, *Images of Regeneration : A Study of* The Tempest *and its Cultural Background*, Uppsala, Almqvist et Wiksell, 1985.

CLARK, S., *The Tempest*, Penguin Critical Studies, Londres, 1986.

BLOOM, Harold, éd., *William Shakespeare's « The Tempest »*, New York, Chelsea House, 1988.

DANIELL, D., *The Tempest*, The Critics Debate, Atlantic Highlands, N. J., Humanities Press International, 1989.

HAMILTON, Donna, *Virgil and « The Tempest » : The Politics of Imitation*, Columbus, Ohio, Ohio University Press, 1990.

OMESCO, Ion, *Shakespeare, son art et sa* Tempête, Paris, P.U.F., 1993.

V

QUELQUES TRAVAUX SUR DES ASPECTS PARTICULIERS DE *LA TEMPÊTE*

LEFRANC, Abel, « L'Origine d'Ariel », *Cinquantenaire de l'École pratique des Hautes Études*, Paris, Champion, 1921, p. 347-356.

MANNONI, Octave, *Psychologie de la colonisation*, Paris, Seuil, 1950 (rééd. *Prospéro et Caliban*, Éditions Universitaires, 1984).

JOHNSON, W. Stacy, « The Genesis of Ariel », *Shakespeare Quarterly*, II (1951).

CUTTS, John P., « Music in *The Tempest* », *Music and Letters*, XXXIX (1958), p. 347-358.

SISSON, C. J., « The Magic of Prospero », *Shakespeare Survey*, XI (1958), p. 70-77.

GESNER, Carol, « *The Tempest* as a Pastoral Romance », *Shakespeare Quarterly*, X, (1959), p. 531-539.

REED, R. R., Jr, « The Probable Origin of Ariel », *Shakespeare Quarterly*, XI (1960), p. 61-65.

SILHOL, R., « Magie et utopie dans *La Tempête* », *Études anglaises 17* (1964), p. 447-456.

MARIENSTRAS, Richard, « Prospéro ou le machiavélisme du Bien », *Hommage à Shakespeare, Bulletin de la Faculté des Lettres de Strasbourg*, mai-juin 1965, p. 111-129.

JEWKES, W. T., « "Excellent Dumb Discourse" : The Limits of Language in *The Tempest* », in *Essays on Shakespeare*, éd. Gordon Ross SMITH, University Park, Pennsylvania University Press, 1965, p. 196-210.

BROCKBANK, J. P., « *The Tempest* : Conventions of Art and Empire », in J. R. BROWN et Bernard HARRIS, *Later Shakespeare, Stratford-upon-Avon Studies 8* (1966), p. 183-201. Repris dans *Shakespeare's Later Comedies*, 1971, p. 382-403.

JAMES, D. G., *The Dream of Prospero*, Oxford, Clarendon Press, 1967.

HOLLAND, Norman N., « Caliban's Dream », *Psychoanalytic Quarterly 37* (1968), p. 114-125.

DEVEREUX, E. J., « Sacramental Imagery in *The Tempest* », *Humanities Association Bulletin 19* (1968), p. 50-62.

CRAIG, Hardin, « Magic in *The Tempest* », *Philological Quarterly 47* (1968), p. 8-15.

COURSEN, Herbert R. Jr., « Prospero and the Drama of the Soul », *Shakespeare Studies 4* (1968), p. 316-333.

SMITH, Irwin, « Ariel and the Masque in *The Tempest* », *Shakespeare Quarterly 21* (1970), p. 213-222.

EGAN, Robert, « This Rough Magic : Perspectives of Art and Morality in *The Tempest* », *Shakespeare Quarterly 23* (1972), p. 171-182.

MATHIEU-ARTH, Françoise, « Les adaptations de *La Tempête* de Shakespeare sous la Restauration anglaise », *Baroque*, nº 5, 1972, p. 77-88.

ROCKETT, William, « Labor and Virtue in *The Tempest* », *Shakespeare Quarterly 24* (1973), p. 77-84.

RETAMAR, Roberto Fernandez, *Caliban cannibale*, Paris, Maspero, 1973.

PEARSON, D'Orsay W., « "Unless I Be Relieved by Prayer" : *The Tempest* in Perspective », *Shakespeare Studies 7* (1974), p. 253-282.

COUTRIX, Mireille, « Caliban et Prospéro », *Études et recherches de Littérature générale et comparée*, 22 (1974), p. 43-49.

EPSTEIN, Harry, « The Divine Comedy of *The Tempest* », *Shakespeare Studies 8* (1975), p. 279-296.

WYCKHAM, Glynne, « Masque and Anti-masque in *The Tempest* », *Essays and Studies 28* (1975), p. 1-14.

LATHAM, Jacqueline E. M., « *The Tempest* and King James's *Daemonology* », *Shakespeare Studies 8* (1975), p. 117-124.

GREENBLATT, Stephen J., « Learning to Curse : Linguistic Colonialism in *The Tempest* », in Fredi CHIAPPELLI, éd., *First Images of America : The Impact of the New World on the Old*, 1976. Repris dans BLOOM, 1988.

BERGER, Karol, « Prospero's Art », *Shakespeare Studies 10* (1977), p. 211-239.

GREENE, Gayle, « "Excellent Dumb Discourse" : Silence and Grace in Shakespeare's *Tempest* », *Studia Neophilologica 50* (1978), p. 193-205.

LATHAM, Jacqueline E. M., « The Magic Banquet in *The Tempest* », *Shakespeare Studies 12* (1979), p. 215-227.

FREY, Charles, « *The Tempest* and the New World », *Shakespeare Quarterly 30* (1979), p. 29-41.

GILMAN, Ernest, « "All Eyes" : Prospero's Inverted Masque », *Renaissance Quarterly 33* (1980), p. 214-230.

LAROQUE, François, « En marge de l'idéologie : antimasque et grotesque dans le *Docteur Faustus* et *La Tempête* », *Société française Shakespeare, Actes du Congrès de 1980.*

LEININGER, Lorie Jerrell, « The Miranda Trap : Sexism and Racism in Shakespeare's *Tempest* », in *The Woman's Part : Feminist Criticism of Shakespeare*, éd. Carolyn Ruth Swift LENZ, Urbana, University of Illinois Press, 1980, p. 285-294.

GARDETTE, R., « Ariel et Caliban ; l'imaginaire monstrueux dans *La Tempête* de William Shakespeare », dans *Monstres et Prodiges au temps de la Renaissance*, éd. Marie-Thérèse JONES-DAVIES, J. Touzot, 1980, p. 69-80.

CANTOR, Paul A., « Shakespeare's *The Tempest* : The Wise Man as Hero », *Shakespeare Quarterly 31* (1980), p. 64-75.

CANTOR, Paul A., « Prospero's Republic : The Politics of Shakespeare's *The Tempest* », in *Shakespeare as a Political Thinker*, éd. John ALVIS et Thomas G. WEST, Durham, N. C., Carolina Academic Press, 1981, p. 239-255.

SHARP, Sister Corona, « Caliban : The Primitive Man's Evolution », *Shakespeare Studies 14* (1981), p. 267-283.

BRAILOW, David C., « Prospero's "Old Brain" : The Old Man as Metaphor in *The Tempest* », *Shakespeare Survey 14* (1981), p. 285-303.

COMITO, Terry, « Caliban's Dream : The Topography of Some Shakespeare Gardens », *Shakespeare Studies 14* (1981), p. 23-54.

De GRAZIA, Margareta, « *The Tempest* : Gratuitous Movement, or Action without Kibes and Pinches », *Shakespeare Studies 14* (1981), p. 249-265.

PEYRÉ, Yves, « Les masques d'Ariel, essai d'interprétation de leur symbolisme », *Cahiers élisabéthains*, n° 19 (1981), p. 53-71.

GOODER, R. D., « Prospero », *Cambridge Quarterly 12* (1983), p. 1-25.

WALTER, James, « From Tempest to Epilogue : Augustine's Allegory in Shakespeare's Drama », *Publications of the Modern Language Association of America*, 98 (1983), p. 60-76.

GRANT, R. A. D., « Providence, Authority, and the Moral Life in *The Tempest* », *Shakespeare Studies 16* (1983), p. 235-263.

POTTER, A. M., « Possession, Surrender, and Freedom in *The Tempest* », *Theoria 61* (1983), p. 37-49.

LINDENBAUM, Peter, « Prospero's Anger », *Massachusetts Review 25* (1984), p. 161-171.

BARKER, Francis, et HULME, Peter, « Nymphs and Reapers Heavily Vanish : The Discursive Con-texts of *The Tempest* », in *Alternative Shakespeares,* éd. John Drakakis, p. 191-205, Londres, Methuen, 1985.

HENNEDY, John F., « *The Tempest* and the Counter-Renaissance », *Studies in the Humanities,* 12, nº 2 (1985), p. 90-105.

CORNFIELD, Cosmo, « Why Does Prospero Abjure His "Rough Magic"? », *Shakespeare Quarterly 36* (1985), p. 31-48.

HILLMAN, Richard, « *The Tempest* as Romance and Anti-Romance », *University of Toronto Quarterly 55* (1985-1986), p. 141-160.

ORGEL, Stephen, « Shakespeare and the Cannibals », in *Cannibals, Witches and Divorce : Estranging the Renaissance,* éd. Marjorie GARBER, Baltimore, The Johns Hopkins University Press, 1987.

SICHÈRE, Bernard, « *La Tempête* et la musique des sphères », *Shakespeare Survey,* 39 (1987), p. 159-168. Repris dans *Le Nom de Shakespeare,* Paris, Gallimard, 1987.

VAUGHAN, Alden T., « Shakespeare's Indian : The Americanization of Caliban », *Shakespeare Quarterly 39-2* (1988), p. 137-153.

SKURA, Meredith, « Discourse and the Individual : The Case of Colonialism in *The Tempest* », *Shakespeare Quarterly 40* (1989), p. 42-69.

GIRARD, René, « La Tempête », dans *Les Feux de l'envie,* Paris, Grasset, 1990.

THOMPSON, « "Miranda, Where's your sister?" : Reading Shakespeare's *The Tempest* », in Susan SELLERS, éd., *Feminist criticism : Theory and Practice,* Toronto, University of Toronto Press, 1991, p. 44-55.

MARIN, Louis, « Shakespeare : *La Tempête,* acte I, scène 1-2 », *Théâtre Public,* 104 (1992), p. 52-59.

ISELIN, P., « *The Tempest* et ses musiques. Mythe et dramaturgie », *Études anglaises,* 4 (1993), p. 385-397.

BOURGUY, Victor, « De la nature de Caliban », in *Tudor Theater : the Problematic of Text and Theater*, Berne, Paris, 1994, p. 253-264.

GARDETTE, Raymond, « Une fable humaniste : la conquête de l'île de nulle part, de Moore à Shakespeare », dans *Cosmopolitisme et Insularité*, éd. Marie-Thérèse JONES-DAVIES, Paris, Les Belles-Lettres, 1994, p. 35-56.

GREEN, André, « La scène, une île déserte », dans *Cosmopolitisme et Insularité*, Paris, Les Belles-Lettres, p. 167-191.

PELTRAULT, Claude, éd., *Shakespeare : La Tempête*, Actes du Colloque de Besançon (2, 3, 4 décembre 1993), Besançon, Université de Franche-Comté, 1994 (17 contributions et une importante bibliographie).

BOQUET, Guy, « Mises en scène : *La Tempête* en France (1955-1990) », colloque de Besançon, 1993.

LA TEMPÊTE

La Tempête est attestée la première fois par une représentation à la Cour le 1er novembre 1611. La pièce était alors toute nouvelle puisqu'on y trouve des allusions à des récits de voyage connus seulement à l'automne de 1610. On sait aussi que l'œuvre fut représentée dans l'hiver de 1612-1613 aux fêtes de la célébration du mariage de la princesse Élisabeth, sœur du Prince de Galles, et de l'Électeur Palatin. Elle a été publiée la première fois dans le Folio de 1623, où elle est en tête du volume. C'est nécessairement le texte du Folio qui vaut pour toute édition moderne, mais les divers éditeurs de *La Tempête* (cf. Bibliographie) sont souvent en désaccord sur la lecture qu'il faut faire de tel mot ou groupe de mots. Le nombre des indications scéniques est inusuel chez Shakespeare.

Aucune source n'est évidente ou ne compte beaucoup. Il faut signaler un passage de Montaigne, dans l'essai *Des cannibales* que Shakespeare a lu dans la traduction de Florio de 1603 (cf. Notes, p. 179) ; quelques récits de voyages (William Strachey, Sylvester Jourdain) relatant la découverte des Bermudes et en particulier l'échouage d'un bateau anglais sur une de ces îles que l'on supposa enchantées; peut-être aussi *Daphnis et Chloé.* On a souvent parlé de *Die Schöne Sidea,* l'œuvre d'un Jacob Ayrer, notaire de Nuremberg qui mourut en 1605, à cause d'assez frappantes similitudes de structure ou de détails : cf. A. Quiller-Couch dans son édition de la pièce (Cambridge). Des comédiens anglais étaient à Nuremberg en 1604 et auraient pu rapporter l'histoire. Mais cela ne tire pas à conséquence.

La première représentation connue de *La Tempête*, celle du 1er novembre 1611, à laquelle le Roi assista, eut lieu au Banqueting House, à Whitehall. Il est probable que la pièce fut donnée ensuite aux Blackfriars (une indication de Dryden) et au Globe (mais sans qu'on en ait de témoignage).

Des adaptations de *La Tempête* furent faites à la fin du XVIIe siècle et au XVIIIe. En 1667 *The Tempest : or the Enchanted Island*, de William Davenant et John Dryden, ajoutait à la distribution un beau jeune Hippolito qui n'avait jamais vu une femme, plus une sœur de Miranda pour épouser ce jeune homme ; et Caliban aussi avait maintenant une sœur. En 1674 Thomas Shadwell fit de cette adaptation un opéra ; en 1695 Purcell lui apporta sa musique. De 1701 à 1756, ce fut l'adaptation et non l'œuvre qu'on jouait chaque année ou presque au Théâtre Royal à Drury Lane, mais en 1745-1746 le texte original y eut cependant six représentations. En 1757 David Garrick reprit lui aussi la vraie *Tempête*, assez fidèlement, mais en 1787 John Philip Kemble revenait encore à Hippolito et Dorinda. Il faut attendre 1838 pour un texte à nouveau fidèle avec William Charles Macready (dans le rôle de Prospéro) à Covent Garden. En 1857 Charles Kean agrémenta l'œuvre de nombre d'effets scéniques, avec des moyens déjà modernes. Cette tendance à renforcer les aspects illusionnistes de l'œuvre est à son apogée chez Herbert Beerbohm en 1904. (Cf. Sylvan Barnet, « *The Tempest* on the Stage », in *The Tempest*, éd. par Robert Langbaum, 1964, que je suis sur tous ces points. Cf. également David William, « *The Tempest* on the Stage », 1960, repris dans *Shakespeare's Later Comedies*, éd D. J. Palmer, Penguin Shakespeare Library, 1971, p. 432-459. Et Françoise Mathieu-Arth, « Les adaptations de *La Tempête* de Shakespeare sous la Restauration anglaise », *Baroque*, n° 5, 1972, p. 77-88.)

L'histoire de la fidélité à Shakespeare avait commencé avec Ludwig Tieck en 1811 : celui-ci, dont la traduction fit date en Allemagne, réclamait des représentations conformes à celles du Globe ou de la cour du roi Jacques. En 1894 William Poel fonda la Elizabethan Stage Society dans le même esprit, et présenta en 1897 une *Tempête* sans illusionnisme et en costumes élisabéthains.

Parmi les reprises contemporaines on peut signaler Peter

Brook (Stratford-sur-Avon, 1963) ; Jonathan Miller (The Mermaid Theater, à Londres) qui transposa l'œuvre en dénonciation du colonialisme, avec dans Ariel un aborigène traître à sa cause ; Peter Brook encore en 1968 (The Round House, à Londres) dans une version délibérément outrée. En 1974 Peter Hall au National Theater faisait de John Gielgud son Prospéro pour la quatrième fois dans la carrière de celui-ci (la première en 1930). — Quelques films en langue anglaise : Derek Jarman, 1980, Paul Mazursky, 1982. De Peter Greenaway, *Prospero's Books*, 1991.

La Tempête en France. Faut-il rappeler l'existence de *Caliban, Suite de « La Tempête »* et de *L'Eau de Jouvence, Suite de « Caliban »*, « drames philosophiques » d'Ernest Renan (Paris, Calmann-Lévy, 1868 et 1881, repris chez le même éditeur dans les *Œuvres complètes*, tome III) ? *La Tempête* a été représentée à plusieurs reprises à Paris ou en province, mais seulement depuis 1955. La plus récente recension de ces créations très diverses a été faite par Guy Boquet sous le titre « Mises en scène : *La Tempête* en France (1955-1990) » au colloque de Besançon de 1993. Parmi les principales on peut signaler le travail de Bernard Sobel au TEP en 1974 ; de François Marthouret à Gennevilliers en 1981 ; de Giorgio Strehler au Théâtre de l'Europe en 1983 ; d'Alfredo Arias à Avignon en 1986 ; de Leo de Berardinis (et le Teatro de Bologne) peu après ; de Peter Brook en 1990 et 1992 aux Bouffes du Nord, de Michel Dubois au théâtre d'Hérouville en 1992.

NOTES

Les notes qui suivent n'essaieront pas d'expliquer les raisons pour lesquelles les divers éditeurs de La Tempête *ont décidé du sens de mots ou de passages obscurs, car ce sont des considérations qui portent essentiellement sur la langue anglaise de l'époque de Shakespeare. Il est certain que le traducteur doit choisir entre ces propositions, mais leur retracement mènerait trop loin.*

Page 83.

Acte I, scène 1 : *Take in the topsail* (= Ramenez le hunier), etc. Frank Kermode a montré que Shakespeare suivait de près dans cette scène ce qui était prescrit aux équipages en des situations semblables : citant le livre d'un Captain John Smith, *Sea Grammar* (1627), où il est indiqué « How to handle a ship in a storme ».

Page 87.

Acte I, scène 1 : « au nom du roi ». C'est suivre la suggestion de l'édition Kermode, qui lit « presence » au lieu de « present » comme il est écrit dans le Folio : ce qui introduit l'idée de la présence royale et rappelle que le roi de Naples est à bord du navire.

Acte I, scène 1 : « Il a trop les dehors du parfait gibier de potence ». C'est faire allusion à un proverbe : « He that is born to be hanged will never be drowned » (Qui est né pour être pendu ne se noiera pas).

Page 89.

Acte I, scène 1 : « Blasphémateur »... Bien qu'il en soit question à nouveau à l'acte V on ne saura pas quels étaient les blasphèmes du maître d'équipage. Peut-être parce que certains jurons étaient interdits sur scène depuis un décret de 1606.

Mais voici peut-être un blasphème du « boatswain ». Quand les matelots s'écrient : « Faites vos prières ! » il n'a pour sa part à dire que « What, must our mouths be cold ? », ce qui suggère qu'à la prière il préfère l'alcool. Avoir la bouche froide, au sens d'être mort, cela se disait, mais le plus souvent sans doute dans les tavernes.

Page 91.

Acte I, scène 1 : « Dix fois de suite sous la marée ! » Les pirates pouvaient être pendus sur la rive à marée basse, et laissés là pour trois marées hautes.

Page 93.

Acte I, scène 2 : *The cell* (= la hutte). C'est avec ce mot que Prospéro référera à plusieurs reprises à son habitation, Caliban aussi. Comment le traduire ? « Cellule » pourrait convenir, avec ses connotations religieuses, mais comment Prospéro et Miranda et tous leurs « brave utensils » (III, 2, p. 252) pourraient-ils tenir dans une simple cellule, où vécut aussi Caliban ? J'ai donc choisi « hutte ». Schmidt, toujours si sûr, définit *cell* : « small and close habitation, especially of a religious person » (*Shakespeare Lexicon*, p. 181). *Cell* a certainement une frontière commune avec *cave* dans la langue de Shakespeare, mais celui-ci ne se prive pas d'employer ce dernier mot avec son sens de « caverne » en nombre d'occasions. Je ne vois donc pas de raison de penser à une « grotte » de Prospéro.

Acte I, scène 2 : le mot « art » est donné par le Folio avec une capitale. C'est désigner le grand Art, celui de la haute science. Mais rien ne prouve que ce soit là une intention de Shakespeare.

Page 111.

Acte I, scène 2 : « de riches vêtements », etc. C'est la raison pour laquelle Prospéro peut quand il le faut revêtir son indispensable robe de magicien ; et au Ve acte arborera ses atours de duc de Milan.

Le nom Prospéro se retrouve dans la pièce de Ben Jonson, *Every Man in his Humour*, de 1601, où Shakespeare avait tenu un rôle.

Page 113.

Acte I, scène 2 : « Que je me mette debout... » Le sens : « que maintenant je retrouve mon pouvoir perdu », n'est probablement que sous-entendu par le texte. Mais sa façon de se remettre debout peut permettre à l'acteur d'enrichir cette signification seconde par une aisance plus ou moins grande.

Page 115.

Acte I, scène 2 : « Et toi, mon serviteur ». Le nom d'Ariel est présent dans la Bible, mais Shakespeare n'a pas eu à le chercher ailleurs que dans les textes magiques, où il paraît fréquemment. Chez Agrippa, dans sa *Philosophie occulte*, Ariel n'est pas l'« esprit de l'air » de la liste des personnages de *La Tempête*, mais celui qui préside à l'élément Terre. Et ce n'est pas que Shakespeare n'aille pas aussi dans ce sens puisqu'en des passages il indique que le serviteur de Prospéro peut être au travail dans les « veines de la terre », comme d'ailleurs également dans l'eau ou armé du feu. Aux esprits de la sorte d'Ariel la théologie médiévale des Intelligences accorde la connaissance des causes, le savoir des événements, le libre voyage à travers l'espace et le temps, le pouvoir d'agir sur les forces de la nature aussi bien que sur la volonté et l'imagination des êtres humains; et cette invulnérabilité aux coups dont on verra Ariel se vanter. Les adeptes de la magie noire peuvent les tourmenter mais nullement les contraindre. Seule la magie blanche peut leur donner des ordres, qu'ils passent à d'autres démons, de plus bas niveau, exactement comme il en va à divers moments de la pièce. Ce sont ces démons subalternes qui infligeront à Caliban ses horribles crampes, par exemple. Toutefois l'Ariel de Shakespeare doit aussi beaucoup de ses caractères au monde des fées de la tradition anglaise. D'où cette petite taille qu'il a parfois : ne lui arrive-t-il pas de dormir dans la cloche du coucou? Sur tous ces points, cf. l'excellent *Appendix B* de Kermode.

Acte I, scène 2 : « diverses flammes ». Le feu de Saint-Elme, étonnement des navigateurs, est peut-être une des raisons qui ont fait que Shakespeare a imaginé *La Tempête.* Dans un récit de voyage de l'époque (Antonio Pigafetta, qui rend compte des périples de Magellan et fut traduit en anglais par Richard Eden), le feu est décrit deux pages avant que n'apparaisse le nom de Sétébos. Cf. note de la p. 137.

Page 119.

Acte I, scène 2 : « de la rosée ». On apprendra de Caliban vers la fin de l'acte que Sycorax la sorcière ramassait de la rosée; mais elle, c'était avec une plume de corbeau.

Page 123.

Acte I, scène 2 : Sycorax. En grec *sus* est le porc et *korax* est le corbeau. Les éditeurs de *La Tempête* rappellent que le nom n'a été rencontré nulle part ailleurs, pour l'instant. On peut néanmoins soupçonner qu'il a une arrière-histoire car (cf. Kermode, p. 26) il a rapport de plusieurs façons à des faits relatifs à Circé, ce qui ne pourrait s'expliquer s'il n'était qu'une invention de Shakespeare.

Page 125.

Acte I, scène 2 : « eu égard à certaine chose ». Que Sycorax fût enceinte la préservait de l'exécution. Du père de l'enfant,

Prospéro dira (p. 131) que c'était le diable lui-même. Mais ce n'est là qu'une insulte. Sinon, Prospéro eût déjà rappelé ce fait d'importance à Ariel, juste avant.

Page 129.

Acte I, scène 2 : « Nous allons voir Caliban ». La caverne de Caliban était sans doute schématiquement suggérée à l'arrière-plan de la scène. « Montre-toi » : Caliban s'avance au premier plan. Traditionnellement et sans doute depuis Shakespeare, on le montre couvert d'une peau de bête sous de longs cheveux en désordre. On remarquera cependant que Caliban s'exprime souvent en vers, et que ceux-ci dans le texte original sont même en une occasion — *Be not afeard. The isle is full of noises*, etc. — les plus admirablement et spécifiquement poétiques de la pièce. Kermode, p. 79 n., a fait l'hypothèse que des paroles de Caliban originellement en vers ont été, il ne sait quand, délibérément mises en prose. Le problème me paraît important, il porte sur le sens ultime de Caliban dans la philosophie de la pièce.

Page 137.

Acte I, scène 2 : « la peste rouge ». À distinguer de la peste jaune et de la peste noire. Probablement le typhus, qui couvre la peau d'éruptions rouges. On peut penser que Caliban souffre de la belle apparence de Prospéro.

Acte I, scène 2 : Sétébos. Le nom est emprunté à Richard Eden, *History of Travaile*, 1577. Chez cet auteur Sétébos est le « grand diable » des Patagons, que Magellan avait pu observer durant son voyage circumterrestre. Caliban invoquera Sétébos à la fin de l'acte V.

Page 139.

Acte I, scène 2 : « assis sur ce rocher ». Il vaut peut-être de remarquer que Ferdinand se désigne ainsi dans la posture classique de la mélancolie, ce qui donne un surcroît de sens à la musique d'Ariel.

Page 141.

Acte I, scène 2 : « par cinq brasses de fond ». La brasse (*fathom*) est originellement l'espace mesuré par les bras totalement étendus d'un homme, soit six pieds, soit environ 1,80 m.

De cette chanson d'Ariel ainsi que d'une autre — « Là où l'abeille butine », à l'acte V — la musique, attribuée au compositeur Robert Johnson, a été préservée dans le recueil *Cheerfull Ayres or Ballads* publié en 1659 par le Dr John Wilson. Johnson travaillait souvent, au service du roi, à la composition des masques et antimasques. Il le fit beaucoup pour les festivités de 1612-1613, ce qui peut donner à penser que les chansons sont associables à la reprise de la pièce en cette circonstance. — On trouvera ces deux airs dans diverses éditions de la pièce, par exemple Kermode, p. 157-158.

Page 145.

Acte I, scène 2 : « le roi m'entend ». Le roi est mort, pense Ferdinand, et il peut donc être en cet instant même auprès de nous de façon surnaturelle, invisible.

Acte I, scène 2 : « le duc de Milan et son noble fils ». C'est la seule mention dans la pièce d'un fils d'Antonio, le frère de Prospéro. Rien là sans doute qu'une étourderie de Shakespeare : il en est d'autres dans son théâtre.

Page 159.

Acte II, scène 1 : « une soupe froide ». Littéralement, « du porridge », au sens où ce mot désignait un bouillon où il y avait des pois : *pease* : un mot qui fait écho à *peace* au vers précédent (c'est-à-dire : « paix ! », mais que j'ai traduit par « laisse-moi »).

Page 169.

Acte II, scène 1 : « Veuve Didon », les commentateurs n'ont pas d'explications probantes à donner de ces lourdes allusions à *widow Dido.* Pourquoi ne pas penser que Shakespeare veut que nous ayons en esprit le destin de Didon au moment, vers la fin de la pièce, où on verra Miranda jouer aux échecs avec Ferdinand, et admettre que celui-ci puisse un jour la trahir pour la conquête d'un royaume ? C'est tout de même d'Énée, qui fut semblablement désinvolte, qu'aux yeux de l'auditeur vaguement cultivé Didon est « veuve ».

Page 171.

Acte II, scène 1 : « la harpe miraculeuse ». Celle d'Amphion, auteur des murailles de Thèbes. Un nouvel indice de la lecture d'Ovide, que l'on sent présente à travers toute la pièce.

Page 175.

Acte II, scène 1 : « Sire, il se peut fort bien qu'il soit en vie », etc. On s'étonne que ces vers puissent être dits par Francisco, qui se tait quasiment toujours. Ils seraient plus naturels dans la bouche de Gonzalo.

Page 179.

Acte II, scène 1 : « Eh bien, dans ma communauté », etc. On souligne toujours que ce passage et la suite de la rêverie de Gonzalo sont empreints de la lecture de l'essai de Montaigne, *Des cannibales*, traduit par John Florio en 1603. Dans le texte original : « C'est une nation, diroy je à Platon, en laquelle il n'y a aucune espece de trafique ; nul cognoissance de lettres ; nulle science de nombres ; nul nom de magistrat, ny de superiorité politique ; nul usage de service, de richesse ou de pauvreté ; nuls contrats ; nulles successions ; nuls partages ; nulles occupations qu'oysives ; nul respect de parenté que commun ; nuls vestemens ; nulle agriculture ; nul métal ; nul usage de vin ou de bled. Les paroles mesmes qui signifient la mensonge, la trahison, la dissimulation, l'avarice, l'envie, la detraction, le pardon, inouïes. » Voilà ce que croit comprendre Montaigne de ces « nations » que les « lois naturelles » régissent encore. Il lui déplaît que Platon et Lycurgue n'en aient rien su.

Page 185.

Acte II, scène 1 : « après quoi nous irions chasser les bécasses » : avec la lune comme lanterne. Le texte dit : *batfowling*, parce que les oiseaux aveuglés par la lumière sont frappés avec un *bat*, un bâton. Mais *bat* signifie aussi « chauve-souris ». On peut toutefois penser que dans l'esprit de Sébastien ces êtres de la nuit sont des femmes.

Page 203.

Acte II, scène 1 : « Il m'a glacé les sangs ». Les voyageurs qui, à l'époque des découvertes, abordaient des rivages nouveaux semblent avoir porté une attention particulière aux bruits qui venaient à eux des régions boisées de l'intérieur : de l'inconnu, comme tel plus effrayant que quoi que ce soit de visible.

Page 209.

Acte II, scène 2 : « un mort si c'est un Indien ». C'était l'habitude de la fin du siècle et de l'époque jacobéenne d'importer des Indiens pour les donner en spectacle, payant ; et ils n'y survivaient guère.

Page 213.

Acte II, scène 2 : « mais il va tâter de ma bouteille ». Shakespeare relève ici un des aspects de la colonisation, ce qui est un signe parmi d'autres de son intérêt pour ce problème. Il parle pour l'instant des effets de l'alcool mais il fera allusion quelques lignes plus loin, et de façon irrévérencieuse, aux missionnaires : « *kiss the book* ». Remarquons encore : « Je te montrerai les meilleures sources », etc., rappel de l'accueil d'abord confiant des aborigènes.

Page 225.

Acte II, scène 2 : « des œufs de mouette ». Personne ne sait ce que peuvent être les *scamels.* On imagine mal de « jeunes » coquillages. Peut-être de petits oiseaux de mer dans leur nid parmi les rochers du rivage.

Page 227.

Acte II, scène 2 : « Caliban, et ban », etc. Pas nécessairement de simples onomatopées. *To ban* signifie « bannir », « maudire ». Dans *Richard III,* I, 3, 144, la reine Margaret dit au roi, qui est difforme à l'égal de Caliban : « *leave this world / Thou cacodemon, there thy kingdom is* ». Le rapprochement est de John Berryman dans « Shakespeare's Last Word », *The Freedom of the Poet,* New York, 1976.

Page 229.

Acte III, scène 1 : « Cette basse besogne ». Et totalement inutile. L'épreuve que Ferdinand subit rappelle certains exercices à vocation spirituelle dans la mystique orientale.

Page 231.

Acte III, scène 1 : « aux moments les plus exténuants ». Un des passages les plus obscurs et controversés du Folio. Cf. Kermode, p. 71-73 n. Mais le sens originel a bien dû être à peu près celui retenu.

Page 233.

Acte III, scène 1 : « Te voici bien mordue », etc. On ne peut exclure que Shakespeare ait eu aussi en esprit les sens médicaux de *infected* et de *visitation* (ce dernier mot : une épidémie de peste).

Page 249.

Acte III, scène 2 : « ce clown peinturluré ! ». C'est à prendre au pied de la lettre. Comme l'indique la liste des personnages (qui figure dans le Folio) Trinculo est le « jester » et porte l'habit bariolé du bouffon.

Page 255.

Acte III, scène 2 : « la cadence ». Si le mot n'eût pas été peu compréhensible dans le contexte, j'aurais dit « canon », qui est le sens. Canon, comme pour « Frère Jacques ».

Page 257.

Acte III, scène 2 : « le Non-être en personne ». J'aurais peut-être dû traduire, plus ordinairement : « joué par Monsieur Personne ». Le texte dit : *played by the picture of Nobody*, et il se peut qu'il y ait là une allusion à quelque image connue d'un homme avec bras et jambes et tête mais pas de corps. Toutefois, cette interprétation ne rend pas compte de l'invisibilité totale d'Ariel. Trinculo ne sait même pas s'il s'agit d'un homme, la voix d'Ariel ayant à être androgyne.

Il semble (Kermode, p. 168) qu'au Moyen Âge dans des sermons on parlait beaucoup de « Nemo », de façon peut-être humoristique (*Nemo ascendit in coelum, Deum Nemo vidit*). Une gravure d'environ 1500 illustre un *Sermo de Sancto Nomine* par un rectangle vide.

Page 259.

Acte III, scène 2 : « Sois sans crainte ! », etc. Quelques-uns des plus beaux vers de Shakespeare, donnés à Caliban de façon certainement consciente.

Page 263.

Acte III, scène 3 : le banquet, les « Formes singulières » (*strange Shapes*). On a parlé à propos de ce mirage de l'illusion de banquet présentée au Christ. Mais la parabole que Prospéro a en esprit fait bien naturellement appel à ce que des êtres fatigués et affamés convoitent. Ils prennent leurs désirs pour des réalités, leurs désirs les plus ordinaires, et il s'agit de leur montrer qu'il faut porter l'aspiration humaine à objet plus haut. — Une allusion aussi, c'est probable, à des mets offerts avec danses par des Indiens ; on en citait dans des récits de voyage. Mais c'est un fait que le passage est influencé par un épisode de l'*Énéide*, III, où l'on voit Énée et ses compagnons débarqués sur l'île des Harpies se préparer un repas que celles-ci dévorent, invulnérables aux coups des Troyens qui sont, en revanche, gratifiés d'une prophétie. Les Harpies tiennent de l'oiseau, comme Ariel, et de la femme, comme, de façon ambiguë, Ariel aussi.

Page 269.

Acte III, scène 3 : « Qui vous offre du cinq contre un ». On déposait une somme d'argent avant le départ. Elle était perdue si le voyageur ne revenait pas, mais celui-ci la recevait quintuplée s'il rentrait de son périple et donnait la preuve qu'il l'avait effectivement accompli.

Page 279.

Acte IV, scène 1 : « un tiers de ma vie ». Les deux autres tiers sont sans doute Milan et lui-même. Cf. les trois pensées auxquelles Prospéro fait allusion à l'acte V quand il dit que sa troisième sera pour la tombe. On a beaucoup spéculé sur les deux premières, mais tout s'éclaire, me semble-t-il, quand on considère que la pensée de la tombe, c'est la pensée sur soi-même, sur le salut de l'âme ; ce qui montre que les deux autres sont, là encore, Miranda et Milan.

Page 281.

Acte IV, scène 1 : « la caverne la plus obscure ». Une reprise, à mon sens, de la référence à Didon rencontrée à l'acte II. Cf. *supra*, p. 169.

Page 285.

Acte IV, scène 1 : « et modère mes sens ». Shakespeare dit en fait : « calme l'ardeur de mon foie », organe tenu pour le siège des aspirations érotiques.

Acte IV, scène 1 : « sois espiègle ! ». Prospéro commande à Ariel : *appear, and pertly !* Ma traduction va dans le sens de l'aspect comique du masque que j'ai cru nécessaire de préserver. C'est ce burlesque de bonne humeur qui donne du charme à ces vers de mirliton.

Page 287.

Acte IV, scène 1 : « tes berges tressées de soucis, de joncs ». Personne ne sait au juste ce que sont les *pioned and twilled brims.* Il en va de même pour les *broom groves* deux vers plus loin.

Page 289.

Acte IV, scène 1 : « le cafardeux Pluton ». Me pardonnera-t-on cette traduction de *dusky*, dont le sens, assurément, est : « obscur » mais tout de même aussi : « lugubre » ?

Page 293.

Acte IV, scène 1 : « et une femme ». On s'est longtemps demandé, au vu du Folio, si Shakespeare n'avait pas vraiment voulu ce que semblait énoncer le texte imprimé : « and a wise », un père non seulement admirable mais sage. Mais preuve a été faite que *wife* est la bonne lecture : la barre du *f*, simplement, était tombée en cours de tirage. Cf. Jeanne Addison Roberts, « "Wife" or "Wise" — *The Tempest 1. 1786.* » *University of Virginia Studies in Bibliography 31* (1978), p. 203-208.

Page 301.

Acte IV, scène 1 : « aucune éducation » : ce n'est traduire que de façon approximative la notion complexe de « *nurture* », où il y a l'arrière-pensée de la Grâce, comme opposée à la simple « nature ».

Acte IV, scène 1 : « sur le tilleul ». Il n'est pas tout à fait certain que *line* dans ce contexte aie le sens de *lime-tree*, le tilleul. On a pensé quelquefois à *clothes-line*, la corde à linge, et imaginé que Shakespeare aurait pu profiter de cette acception pour des allusions au passage de la « Ligne » par les navigateurs. Mais dans l'un et l'autre cas il a été difficile aux commentateurs de pénétrer toutes les raisons des jeux sur les mots dans cette scène. — Pour ma part j'aurais penché pour la corde à linge, mais que faire alors d'un vers de l'acte V ? Ariel y parle à Prospéro du « *line grove which weather-fends your cell* » : du bosquet de tilleuls qui protège sa hutte du vent.

Page 309.

Acte IV, scène 1 : « il va faire de nous des oies ». *Barnacle*, ici une sorte d'oie sauvage (en français « bernache ») supposée naître du coquillage de même nom (en français, « anatife », du latin *anas*, « canard », et « -fère », pour la même raison).

Page 311.

Acte IV, scène 1 : « Ils sortent ». Pour reparaître à la scène suivante, première de l'acte V, au même lieu et également seuls. Mais Prospéro entre-temps aura revêtu *his magic robes*. On peut déduire de cette distinction de deux scènes dans le Folio que la division en actes est un caractère d'origine de *La Tempête*.

Page 317.

Acte V, scène 1 : « Il est plus grand d'être vertueux ». Tout ce passage est du plus grand prix pour l'examen du rapport de la « vertu » du mage et de la « compassion » que suggère Ariel, et qui n'est peut-être pas de même nature. Cf. la préface de ce volume.

Acte V, scène 1 : « mes gracieux pantins ». Ces mots pour *demi-puppets* parce que *demi* semble avoir le sens de « quasi » tandis que *puppets* suggère les pantins que les enfants fabriquaient pour les fêtes de Mai à l'image des esprits des arbres.

Acte V, scène 1 : le « couvre-feu » parce que les champignons poussent la nuit.

Page 319.

Acte V, scène 1 : « Les tombes, sur mon ordre ». Voilà qui serait plutôt de la magie noire. Mais Prospéro s'enorgueillit sans doute des morts et résurrections des passagers du navire, qui ne furent que de l'illusion et peuvent relever de la magie blanche.

Acte V, scène 1 : « cette magie primaire ». *Rough magic.* Celle qui porte sur les aspects matériels de la réalité.

Page 321.

Acte V, scène 1 : « toi [...] qui as sacrifié à ton ambition » ; et qui continues de le faire. Il n'y a pas de raison de refuser la leçon « *entertaine* » du Folio au profit de « *entertain'd* » (les Folios suivants).

Page 329.

Acte V, scène 1 : « Je n'ai que des moyens qui sont bien faibles / Auprès des vôtres. » Est-ce parce que Alonso n'a en réalité nullement perdu son fils, tandis que Prospéro va perdre vraiment sa fille en la mariant à Naples, loin de Milan ?

Page 331.

Acte V, scène 1 : le jeu d'échecs. Le jeu d'échecs a été au Moyen Âge et à l'époque de Shakespeare une sorte de port franc, où les règles sociales sont suspendues. Homme et femme y sont à égalité, et ils peuvent s'y rencontrer librement au lieu d'être gardés séparés comme d'ordinaire par la bienséance.

Page 333.

Acte V, scène 1 : « Ô monde neuf, ô splendide ». C'est l'ironie de Shakespeare qu'il faut relever dans ces mots. Car ces *goodly creatures*, c'est une bande éclopée de vieillards et de fripouilles.

Page 339.

Acte V, scène 1 : « pas le moindre juron ? » La querelle assez arrogante et plutôt de mauvais goût que le supposé digne et pur Gonzalo cherchait déjà au maître d'équipage en plein naufrage à propos de ses blasphèmes, dont on n'a pas eu d'exemples, n'a jamais été expliquée de façon satisfaisante. On a conjecturé un passage perdu. On a rappelé que jurer à bord d'un navire passait pour le mettre en péril. Ce serait jeter « le Ciel par-dessus bord ».

Page 343.

Acte V, scène 1 : « Que l'on s'échine pour les autres, jamais pour soi ! » Les commentateurs s'interrogent sur le sens de ce que dit Stéphano, qui jusqu'à présent ne s'était pas montré particulièrement altruiste. Je comprends : « il est plus prudent de travailler pour les autres » — Stéphano est *butler*, il sert à table — « que de vouloir se mettre à son compte » : « car tout est hasard dans la vie ».

Page 345.

Acte V, scène 1 : « les magnifiques esprits ! » Caliban est aussi naïf que Miranda quelques répliques plus haut.

Page 351.

Acte V, scène 1 : « mes troisièmes pensées ». La première et la seconde pensée de Prospéro sont pour Milan et sa fille (et sa descendance). La troisième pensée est pour son propre salut, dont la représentation de la mort rappelle constamment la nécessité.

LA TEMPÊTE

DOSSIER

DU MÊME AUTEUR

par le même traducteur

Dans la même collection

JULES CÉSAR.

LE CONTE D'HIVER.

Dans Folio classique

HAMLET. LE ROI LEAR.

ROMÉO ET JULIETTE. MACBETH.

COLLECTION FOLIO THÉÂTRE

1. Pierre CORNEILLE : *Le Cid.* Édition présentée et établie par Jean Serroy.
2. Jules ROMAINS : *Knock.* Édition présentée et établie par Annie Angremy.
3. MOLIÈRE : *L'Avare.* Édition présentée et établie par Jacques Chupeau.
4. Eugène IONESCO : *La Cantatrice chauve.* Édition présentée et établie par Emmanuel Jacquart.
5. Nathalie SARRAUTE : *Le Silence.* Édition présentée et établie par Arnaud Rykner.
6. Albert CAMUS : *Caligula.* Édition présentée et établie par Pierre-Louis Rey.
7. Paul CLAUDEL : *L'Annonce faite à Marie.* Édition présentée et établie par Michel Autrand.
8. William SHAKESPEARE : *La Tragédie du Roi Lear.* Édition de Gisèle Venet. Traduction de Jean-Michel Déprats.
9. MARIVAUX : *Le Jeu de l'amour et du hasard.* Préface de Catherine Naugrette-Christophe. Édition de Jean-Paul Sermain.
10. Pierre CORNEILLE : *Cinna.* Édition présentée et établie par Georges Forestier.
11. Eugène IONESCO : *La leçon.* Édition présentée et établie par Emmanuel Jacquart.
12. Alfred de MUSSET : *On ne badine pas avec l'amour.* Édition présentée et établie par Simon Jeune.
13. Jean RACINE : *Andromaque.* Préface de Raymond Picard. Édition de Jean-Pierre Collinet.
14. Jean COCTEAU : *Les Parents terribles.* Édition présentée et établie par Jean Touzot.
15. Jean RACINE : *Bérénice.* Édition présentée et établie par Richard Parish.

16. Pierre CORNEILLE : *Horace.* Édition présentée et établie par Jean-Pierre Chauveau.
17. Paul CLAUDEL : *Partage de Midi.* Édition présentée et établie par Gérald Antoine.
18. Albert CAMUS : *Le Malentendu.* Édition présentée et établie par Pierre-Louis Rey.
19. William SHAKESPEARE : *Jules César.* Préface et traduction d'Yves Bonnefoy.
20. Victor HUGO : *Hernani.* Édition présentée et établie par Yves Gohin.
21. Ivan TOURGUÉNIEV : *Un mois à la campagne.* Édition de Françoise Flamant. Traduction de Denis Roche.
22. Eugène LABICHE : *Brûlons Voltaire !* précédé de *Un monsieur qui a brûlé une dame, La Dame aux jambes d'azur, L'Amour, un fort volume, prix 3 F 50 C, La Main leste, Le Cachemire X. B. T.* Édition présentée et établie par Olivier Barrot et Raymond Chirat.
23. Jean RACINE : *Phèdre.* Édition présentée et établie par Christian Delmas et Georges Forestier.
24. Jean RACINE : *Bajazet.* Édition présentée et établie par Christian Delmas.
25. Jean RACINE : *Britannicus.* Édition présentée et établie par Georges Forestier.
26. GOETHE : *Faust.* Préface de Claude David. Traduction nouvelle de Jean Amsler. Notes de Pierre Grappin.
27. William SHAKESPEARE : *Tout est bien qui finit bien.* Édition de Gisèle Venet. Traduction nouvelle de Jean-Michel Déprats et Jean-Pierre Vincent.
28. MOLIÈRE : *Le Misanthrope.* Édition présentée et établie par Jacques Chupeau.
29. BEAUMARCHAIS : *Le Barbier de Séville.* Édition présentée et établie par Françoise Bagot et Michel Kail.
30. BEAUMARCHAIS : *Le Mariage de Figaro.* Édition présentée et établie par Françoise Bagot et Michel Kail.
31. Richard WAGNER : *Tristan et Isolde.* Préface de Pierre Boulez. Traduction nouvelle et édition d'André Miquel.
32. Eugène IONESCO : *Les Chaises.* Édition présentée et établie par Michel Lioure.

33. William SHAKESPEARE : *Le Conte d'hiver.* Préface et traduction d'Yves Bonnefoy.
34. Pierre CORNEILLE : *Polyeucte.* Édition présentée et établie par Patrick Dandrey.
35. Jacques AUDIBERTI : *Le mal court.* Édition présentée et établie par Jeanyves Guérin.
36. Pedro CALDERÓN DE LA BARCA : *La vie est un songe.* Traduction nouvelle et notes de Lucien Dupuis. Préface et dossier de Marc Vitse.
37. Victor HUGO : *Ruy Blas.* Édition présentée et établie par Patrick Berthier.
38. MOLIÈRE : *Le Tartuffe.* Édition présentée et établie par Jean Serroy.
39. MARIVAUX : *Les Fausses Confidences.* Édition présentée et établie par Michel Gilot.
40. Hugo von HOFMANNSTHAL : *Le Chevalier à la rose* . Édition de Jacques Le Rider. Traduction de Jacqueline Verdeaux.
41. Paul CLAUDEL : *Le Soulier de satin.* Édition présentée et établie par Michel Autrand.
42. Eugène IONESCO : *Le Roi se meurt.* Édition présentée et établie par Gilles Ernst.
43. William SHAKESPEARE : *La Tempête.* Préface et traduction nouvelle d'Yves Bonnefoy. Édition bilingue.
44. William SHAKESPEARE : *La Tragédie du roi Richard II.* Édition de Margaret Jones-Davies. Traduction nouvelle de Jean-Michel Déprats. Édition bilingue.
45. MOLIÈRE : *Les Précieuses ridicules.* Édition présentée et établie par Jacques Chupeau.
46. MARIVAUX : *Le Triomphe de l'amour.* Édition présentée et établie par Henri Coulet.
47. MOLIÈRE : *Dom Juan.* Édition présentée et établie par Georges Couton.
48. MOLIÈRE : *Le Bourgeois gentilhomme.* Édition présentée et établie par Jean Serroy.
49. Luigi PIRANDELLO : *Henri IV.* Édition de Robert Abirached. Traduction de Michel Arnaud.

50. Jean COCTEAU : *Bacchus*. Édition présentée et établie par Jean Touzot.

51. John FORD : *Dommage que ce soit une putain*. Édition de Gisèle Venet. Traduction nouvelle de Jean-Michel Déprats.

52. Albert CAMUS : *L'État de siège*. Édition présentée et établie par Pierre-Louis Rey.

53. Eugène IONESCO : *Rhinocéros*. Édition présentée et établie par Emmanuel Jacquart.

Composition Interligne.
Impression Bussière Camedan Imprimeries
à Saint-Amand (Cher),
le 17 février 1999.
Dépôt légal : février 1999.
1er dépôt légal dans la collection : octobre 1997.
Numéro d'imprimeur : 990812/1.
ISBN 2-07-040315-7./Imprimé en France.

90680